Oroscopo P 2025

La Guida Astrologica Completa
per il Tuo Segno Zodiacale

TEMPLUM DIANAE

- MEDIA -

Opera curata da: "Templum Dianae Media".

Illustrazioni e copertina a cura di: "Templum Dianae Media"
Impaginazione e formattazione a cura di: "Templum Dianae Media"
Retro pagina e introduzione curata da: "Templum Dianae Media"

2024 - Tutti i diritti riservati

Prima di continuare la lettura, l'autore e l'editore chiedono esplicitamente di leggere e comprendere le note legali per chiarire alcuni aspetti fondamentali del rapporto tra le parti.

Nota legale:

questo libro è soggetto a copyright esclusivo; la sua lettura è destinata esclusivamente all'uso personale. Si precisa inoltre che non è assolutamente consentito modificare o utilizzare alcuna sezione di questo libro, né gratuitamente né a pagamento; non è assolutamente consentito utilizzare, citare o parafrasare alcuna sezione o sezioni di questo libro o dei suoi contenuti senza il consenso scritto e firmato dell'autore e/o dell'editore.

Nota legale sulla non responsabilità dell'autore e dell'editore:

L'autore e l'editore affermano e ribadiscono che tutte le informazioni contenute in quest'opera, prese singolarmente o nel loro insieme, a seconda della sensibilità del singolo lettore o lettrice, possono avere uno scopo didattico-educativo o di mero passatempo.

L'autore e l'editore di questo volume, pur ricordando a tutti i lettori che non viene fornita alcuna garanzia esplicita o implicita, affermano e ribadiscono che tutte le informazioni contenute in quest'opera, essendo derivate dalla lettura critica di varie fonti, possiedono il massimo grado di accuratezza, affidabilità, attualità e completezza in relazione alla loro capacità di ricerca, sintesi, elaborazione e organizzazione delle informazioni.

I lettori sono consapevoli che l'autore non è in alcun modo obbligato a fornire alcun tipo di assistenza o consulenza legale, finanziaria, medica o professionale, e anzi raccomanda loro, prima di tentare qualsiasi tecnica o azione esposta in questo libro, di contattare un professionista legalmente abilitato all'esercizio della professione, secondo la legislazione vigente.

Leggendo questa introduzione, ogni lettore accetta, esplicitamente o implicitamente, che in nessun caso l'autore e/o l'editore saranno responsabili per qualsiasi perdita, diretta o indiretta, derivante dall'uso delle informazioni contenute in questo libro, compresi, ma non solo, errori, omissioni o imprecisioni.

Oroscopo 2025

contenuti inclusi

Congratulazioni per aver ricevuto questo libro!
Se vuoi attrarre e manifestare più Amore e Abbondanza e scoprire argomenti e spiritualità, unisciti alla comunità di Templum Dianae e ricevi gli MP3 di meditazione guidata per risvegliare il tuo sé interiore.

Questa meditazione guidata è pensata per manifestare il vostro sogno interiore nella vita quotidiana.

Seguire questo link
templumdianae.com/bookmp3/

SE NON CONOSCI TEMPLUM DIANAE

Ti senti persa, disconnessa dalla tua essenza più profonda?

Hai provato di tutto: meditazione, yoga, letture spirituali. Eppure, quel vuoto interiore persiste. Le relazioni non decollano, il denaro sembra sfuggirti, e la serenità è un miraggio lontano.

È ora di smettere di girare intorno al problema e affrontarlo di petto.

Benvenuta in *Templum Dianae*, il luogo dove le donne si risvegliano al loro potere autentico. Nato in Italia nel 2013, il nostro blog è stato scritto **dalle streghe per le streghe**. Non ci nascondiamo dietro parole dolci o promesse vane. Siamo qui per scuoterti, provocarti, spingerti oltre i tuoi limiti.

Perché accontentarsi di una vita mediocre quando puoi avere tutto ciò che desideri?

Ogni mese, oltre **247.000 persone** entrano in contatto con i nostri materiali attraverso tutti i nostri canali. *Templum Dianae Media* è il cuore pulsante di questo movimento, un progetto editoriale che pubblica centinaia di libri ogni anno in oltre **6 lingue**. Dai nuovi testi rivoluzionari alle ripubblicazioni di antichi grimori, offriamo strumenti potenti per trasformare la tua realtà.

Non è solo teoria. È pratica, azione, trasformazione.

Ecco cosa dicono alcune donne che hanno cambiato la loro vita grazie a noi:

"Grazie a Templum Dianae, ho attirato l'amore autentico nella mia vita. Le relazioni tossiche sono un ricordo del passato." - **Sara M.**

"Le tecniche di manifestazione economica funzionano davvero. Ho visto il mio conto in banca crescere come mai prima d'ora." - **Luisa D.**

"Ho ritrovato me stessa. La connessione con il mio potere interiore è diventata indistruttibile." - **Elena F.**

Sei pronta a smettere di sopravvivere e iniziare a vivere davvero?

Questo libro non è per le deboli di cuore. È per chi è pronta a guardarsi allo specchio senza filtri, ad abbracciare la propria ombra e a trasformarla in luce.

Non perdere altro tempo. Ogni pagina che leggerai sarà un passo verso la donna potente che sei destinata a essere.

Il viaggio inizia ora. Sei dei nostri?

INDEX

Contenuti

    contenuti inclusi 4

Se non conosci templum dianae 5

Index 7

Baciata dalle stelle 9

    Il cammino del sole 11

    Conoscere il proprio segno, conoscere i suoi segreti 12

Capire l'astrologia 13

Il nuovo anno in sintesi 17

Pesci 21

    Il mito del segno zodiacale dei Pesci 23

    Capire un Pesci 25

        Finanza 27

        Carriera e immagine pubblica 28

        Amore e relazioni 29

        Casa e vita domestica 31

    Pesci oroscopo 2025 33

        Salute 34

        Amore e vita sociale 36

        Vita finanziaria 37

        Casa 39

        Crescita personale 40

    Previsioni mese per mese 42

Index

- Gennaio 42
- Febbraio 44
- Marzo 45
- Aprile 46
- Maggio 48
- Giugno 50
- Luglio 52
- Agosto 53
- Settembre 54
- Ottobre 56
- Novembre 57
- Dicembre 59

Astro Approfondimenti e domande frequenti 60
La fine è solo l'inizio 65
Glossario termini astrologici 67
- Un altro libro di Templum Dianae per te 75
- il libro delle testimonianze 76
- contenuti inclusi 79
  - Riferimenti bibliografici 80

BACIATA DALLE STELLE

Da migliaia di anni le persone sono affascinate dalle stelle e dai pianeti. Ma veniamo al punto: la vera emozione non è solo capire il cosmo, ma scoprire i segreti della propria vita e prendere il controllo del proprio viaggio d'amore.

E indovinate un po'? L'astrologia è il vostro pass VIP.

Il vostro oroscopo personale 2025 è la vostra guida, ricca di saggezza astrologica che vi aiuterà a sfruttare al meglio l'anno. Non si tratta solo di vaghe previsioni. Si tratta di intuizioni reali e personalizzate che vi permetteranno di gestire la vita come un professionista.

Ogni segno zodiacale è accompagnato da un profilo della personalità, da uno sguardo alle tendenze per il 2025 e da guide mese per mese. Non siete sicuri di tutti i termini astrologici? Niente paura: il Glossario vi aiuterà.

Una delle parti migliori? I giorni "migliori" e "più stressanti" elencati all'inizio di ogni previsione mensile. Sono i vostri strumenti segreti. Segnate i giorni buoni sul calendario: sono le vostre occasioni d'oro per avere successo in denaro, amore e altro. E i giorni stressanti? Considerateli come i vostri avvisi di "stare a letto e guardare film a ripetizione".

Nella sezione "Tendenze principali" troverete le date in cui la vostra energia è alta o bassa e in cui le vostre relazioni potrebbero aver bisogno di maggiore attenzione. Se le cose si fanno difficili, consultate la sezione "A colpo d'occhio" del vostro profilo di personalità. Indossare il metallo o la gemma del vostro zodiaco o vestirvi con il colore del vostro segno può darvi una spinta in più.

Ma aspettate, c'è di più! Questo libro non si limita a capire se stessi, ma è la guida per capire i comportamenti dei vostri amici, colleghi, partner e persino dei vostri figli. Leggendo i loro profili di personalità e le loro previsioni, otterrete un superpotere: sapere quando essere pazienti e quando evitare le loro giornate scontrose.

Pensate a me come al vostro astrologo personale, che esamina il vostro oroscopo solare per capire la vostra vita, i vostri obiettivi e le vostre sfide. Questo libro è come avermi tra le chiamate rapide.

La mia speranza per il vostro oroscopo personale 2025? Che illumini la vostra vita, appianando le asperità e collegandovi all'universo in modo magico. Usate queste intuizioni con saggezza e ricordate: le stelle possono guidarvi, ma siete voi a fare le scelte finali.

Vi siete mai chiesti cosa significhi essere baciati dalle stelle? Immaginate di avere il manuale dell'universo, di sapere quando agire, quando aspettare e quando impressionare tutti quelli che vi circondano. Ecco cosa offre l'astrologia: una chiave per sbloccare l'abbondanza e dominare la vostra vita sentimentale. Dimenticate le congetture casuali. Quando siete in sintonia con i pianeti, non state semplicemente andando alla deriva nella vita, ma state cavalcando un'onda di saggezza cosmica verso il successo.

L'astrologia non è solo per i sognatori, ma anche per le donne intelligenti che vogliono usare il potere dell'universo per ottenere ciò che vogliono. Volete sapere quando iniziare quel grande progetto o quando flirtare con quello sconosciuto intrigante? Le stelle vi guardano le spalle. Non scintillano solo per divertimento: sono i vostri consiglieri cosmici, pronti a dirvi quali sono i momenti migliori per l'amore, il denaro e molto altro. E siamo onesti: chi non vuole un piccolo avvertimento quando le cose si fanno difficili? Con l'astrologia si possono evitare i momenti difficili e superare quelli più tranquilli. Consideratela come il vostro GPS personale, che vi guida non solo dal punto A al punto B, ma verso una vita piena di passione, prosperità e momenti indimenticabili.

Quindi, perché inciampare nel buio quando le stelle possono illuminare la vostra strada? È il momento di abbracciare il vostro destino, di danzare con i pianeti e di lasciare che la vostra vita sia baciata dalle stelle.

Il cammino del sole

L'astrologia moderna consiste nel seguire il **cammino del Sole**. Immaginate il Sole come il GPS della vostra vita, che vi guida attraverso gli alti e i bassi di ogni anno. Il Sole si muove attraverso i 12 segni zodiacali, trascorrendo circa un mese in ciascuno di essi e illuminando i diversi aspetti della vostra vita. Quando si comprende il **percorso del Sole**, si possono prevedere i momenti migliori per l'amore, per la carriera e persino per prendere una pillola per rilassarsi.Storicamente, l'astrologia è stata uno strumento per re, regine e gente comune per dare un senso al mondo. Gli antichi babilonesi, greci e romani usavano le stelle per prevedere tutto, dal tempo alle guerre. Oggi si continua a guardare in alto, ma ora si tratta di usare le stelle per controllare la nostra vita sentimentale e la nostra crescita personale.

Conoscere il proprio segno, conoscere i suoi segreti

Questo libro è la guida definitiva a tutti i 12 segni zodiacali. Che siate un focoso Ariete o un sognatore Pesci, troverete le chiavi del vostro regno personale. E il bello è che non riguarda solo voi. Volete sapere perché il vostro amico Gemelli non riesce a stare fermo o perché il vostro amante Scorpione è così intenso? Questo libro vi svela tutti i segreti.

Un regalo perfetto! Pensate a questo libro come a un foglietto illustrativo per capire tutti quelli che vi circondano. È come avere un anello decodificatore cosmico. Ideale da regalare a quella persona speciale che cerca sempre di capire le persone. *Immaginate di dare al vostro amico il potere di prevedere gli sbalzi d'umore del suo capo o le inclinazioni romantiche del suo partner.* Questo sì che è un regalo che continua a dare!

Quindi, signore, prendete questo libro, immergetevi nei misteri delle stelle e prendete il controllo del vostro viaggio sentimentale. Perché annaspare nel buio quando si può contare sulle stelle che illuminano il proprio cammino?

CAPİRE L'ASTROLOGİA

Ascendente Il giorno e la notte esistono perché la Terra ruota ogni 24 ore. Questo fa sì che il Sole, la Luna e i pianeti sembrino sorgere e tramontare. Lo zodiaco è una fascia fissa intorno alla Terra. Quando la Terra ruota, i diversi segni zodiacali appaiono all'orizzonte. Il segno che si trova all'orizzonte in qualsiasi momento è chiamato **Ascendente** o segno ascendente. È tutta una questione di immagine di sé e di ego personale.

Aspetti Sono gli angoli tra i pianeti, che mostrano come si influenzano a vicenda. Un **aspetto armonioso** significa che i pianeti lavorano bene insieme. Un **aspetto stressante** significa che si scontrano. *Immaginate due colleghi che si aiutano o si infastidiscono a vicenda.*

Qualità astrologiche Le qualità **astrologiche** sono tre: **cardinale**, **fissa** e **mutevole**. Ogni segno zodiacale rientra in una di queste.

Segni cardinali: Ariete, Cancro, Bilancia, Capricorno. Danno inizio alle cose. *Sono quelli che si danno da fare.*

Segni fissi: Toro, Leone, Scorpione, Acquario. Sono stabili e persistenti. *Vanno fino in fondo.*

Segni mutevoli: Gemelli, Vergine, Sagittario, Pesci. Si adattano e cambiano. *Creativi, ma a volte poco pratici.*

Movimento diretto Quando i pianeti si muovono in avanti attraverso lo zodiaco, come fanno normalmente, vanno "diretti".

Grande Quadrato Un **Grande Quadrato** coinvolge quattro o più pianeti che formano un quadrato completo. È stressante ma porta nuovi sviluppi. *È come destreggiarsi tra quattro lavori contemporaneamente.*

Grande Trino Un **Grande Trino** coinvolge tre o più pianeti che formano un triangolo. Di solito si trova in un elemento (Fuoco, Terra, Aria, Acqua) ed è molto fortunato. Immaginate di trovare una banconota da 100 dollari sul marciapiede.

Case I 12 segni zodiacali si esprimono attraverso 12 case, ognuna delle quali rappresenta un'area di vita.

1a Casa: Immagine personale e piaceri sensuali

2a Casa: Denaro/Finanza

3a Casa: Comunicazione e interessi intellettuali

4a Casa: Casa e famiglia

5a Casa: Bambini, divertimento, giochi, creatività, piacere e relazioni amorose

6a Casa: Salute e lavoro

7a casa: Amore, matrimonio e attività sociali

8a Casa: Trasformazione, rigenerazione, paure e ansie

9a Casa: Viaggi all'estero, istruzione superiore e filosofia spirituale

10a Casa: Carriera ed eredità

11a Casa: Amici, attività di gruppo e desideri affettuosi

12a casa: Spiritualità, salute mentale e benessere

Karma Il karma è la legge di causa ed effetto. Ciò che fate ora influisce sul vostro futuro. *Fate del bene e le cose buone accadranno.*

Pianeti a lungo termine Pianeti che rimangono a lungo in un segno, mostrando tendenze a lungo termine.

Giove: 1 anno

Saturno: 2 anni e mezzo

Urano: 7 anni

Nettuno: 14 anni

Plutone: da 15 a 30 anni

Lunare Tutto ciò che riguarda la Luna. Vedi anche **Fasi lunari**.

Natal significa "nascita". Il **Sole natale** è la posizione del Sole al momento della nascita. Il **Sole di transito** è il luogo in cui si trova ora il Sole.

Nodi Nord e Sud Punti in cui l'orbita della Luna interseca quella della Terra. Il Nodo Nord significa aumento, il Nodo Sud significa diminuzione.

Fuori limite Quando un pianeta si muove oltre i limiti del Sole, è **fuori limite**. Diventa più influente. È come se fosse un ribelle che infrange le regole.

Fasi della Luna Dopo la Luna piena, diventa più piccola (calante) fino alla Luna nuova. Poi diventa più grande (crescente) fino alla successiva Luna piena.

I dominatori planetari Ogni segno zodiacale è governato da un pianeta. *Ad esempio, l'Ariete è governato da Marte.*

Ariete: Marte

Toro: Venere

Gemelli: Mercurio

Cancro: La Luna

Leone: Il Sole

Vergine: Mercurio

Bilancia: Venere

Scorpione: Marte (tradizionale); Plutone (moderno)

Sagittario: Giove

Capricorno: Saturno

Acquario: Saturno (tradizionale); Urano (moderno)

Pesci: Giove (tradizionale); Nettuno (moderno)

Retrogradi Quando i pianeti sembrano tornare indietro nel cielo. Questo indebolisce i loro effetti abituali. *Mercurio retrogrado è famoso per i problemi di comunicazione.*

Pianeti a breve termine Questi pianeti si muovono rapidamente nei segni e mostrano tendenze a breve termine.

Luna: 2 giorni e mezzo

Mercurio: da 20 a 30 giorni

Sole: 30 giorni

Venere: circa 1 mese

Marte: circa 2 mesi

Quadrato a T Un quadrato a T coinvolge tre pianeti che formano una forma a T. È stressante e porta con sé esperienze di apprendimento. *Consideratela come una dura lezione da imparare.*

Transiti I movimenti attuali dei pianeti. *Ad esempio, se Saturno si trovava in Cancro quando siete nati, ma ora è nella vostra 3a casa, sta transitando nella vostra 3a casa.*

IL NUOVO ANNO IN SINTESI

Tratto dal nuovo calendario Lunare

Gennaio apre l'anno sotto la Mezzaluna Crescente in Acquario il 3, un momento in cui la Luna favorisce l'innovazione e ci invita a pensare fuori dagli schemi. Contemporaneamente, il Sole in Capricorno ci radica nel pragmatismo, aiutandoci a concretizzare queste nuove idee con disciplina. Il 6 gennaio, la Luna al Primo Quarto in Ariete aumenta il bisogno di azione, mentre il Sole resta in Capricorno, offrendo la stabilità necessaria per affrontare sfide audaci con saggezza. La Luna Piena in Cancro del 13 gennaio, con il Sole ormai in Acquario, amplifica le nostre emozioni e l'importanza di casa e famiglia, in un mese che chiude con il contrasto tra il cuore e la mente.

Febbraio vede la Mezzaluna Crescente in Pesci l'1, portando un'ondata di intuizione e sogni profondi, mentre il Sole in Acquario ci sprona a condividere queste visioni con la comunità. Il 12 febbraio, la Luna Piena in Leone brilla fieramente, spingendoci a esprimere chi siamo con orgoglio, mentre il Sole ancora in Acquario ci chiede di bilanciare il nostro individualismo con il contributo al collettivo. La Luna Nuova in Pesci il 28 febbraio, con il Sole che ha fatto il suo ingresso in Pesci, suggella un momento di crescita spirituale e nuove prospettive emotive.

Marzo si apre con la Mezzaluna Crescente in Ariete il 3, in sinergia con il Sole in Pesci, creando una danza tra l'impulsività e l'intuizione. Il 14 marzo, la Luna Piena in Vergine ci ricorda di prenderci cura della nostra salute e dei dettagli della vita quotidiana, mentre il Sole in Pesci mantiene il focus sulla connessione spirituale e il benessere olistico. Il mese si conclude con la Luna Nuova in Ariete il 29, un potente momento di rinascita, sostenuto dall'energia del Sole in Ariete, che spinge per l'azione decisa e la riaffermazione personale.

Aprile comincia con la Mezzaluna Crescente in Toro il 1°, illuminando il desiderio di stabilità materiale, mentre il Sole in Ariete continua a spronarci a fare scelte coraggiose. Il 13 aprile, la Luna Piena in Bilancia mette in luce l'equilibrio nelle relazioni, con il Sole che ancora in Ariete ci ricorda di mantenere la nostra individualità mentre costruiamo legami armoniosi. La Luna Nuova in Toro del 27 aprile, con il Sole che ha appena fatto il suo ingresso in Toro, è il momento ideale per impostare intenzioni di sicurezza finanziaria e radicamento.

Maggio inizia con la Mezzaluna Crescente in Gemelli il 1°, quando la curiosità e la comunicazione sono al massimo, e il Sole in Toro ci invita a utilizzare queste nuove conoscenze per creare basi solide. Il 12 maggio, la Luna Piena in Scorpione scava in profondità nelle nostre emozioni, mentre il Sole in Toro ci aiuta a mantenere la calma e a trasformare ciò che emerge. Il 27 maggio, la Luna Nuova in Gemelli, supportata dal Sole in Gemelli, apre nuove opportunità di apprendimento e connessione sociale.

Giugno porta un focus sulla produttività con la Luna al Primo Quarto in Vergine il 3, mentre il Sole in Gemelli mantiene vivace la nostra curiosità. L'11 giugno, la Luna Piena in Sagittario ci invita a cercare la verità e avventura, con il Sole ancora in Gemelli che ci spinge a esplorare nuove idee. Il mese termina con la Luna Nuova in Cancro il 25, con il Sole che entra in Cancro, richiamando l'importanza delle emozioni e dei legami familiari.

Luglio vede il Primo Quarto in Bilancia il 2, quando la Luna ci invita a bilanciare le relazioni, mentre il Sole in Cancro sottolinea il bisogno di sicurezza emotiva. Il 10 luglio, la Luna Piena in Capricorno illumina i successi professionali, mentre il Sole in Cancro ci ricorda di mantenere un equilibrio tra carriera e casa. Il mese si chiude con la Luna Nuova in Leone il 24, con il Sole che entra in Leone, creando un momento di espressione creativa e leadership.

Agosto inizia con il Primo Quarto in Scorpione il 1°, portando profondità emotiva e concentrazione, con il Sole in Leone che spinge per esprimere la propria verità con forza. Il 9 agosto, la Luna Piena in Acquario illumina il nostro posto nella collettività, mentre il Sole in Leone invita a rimanere autentici pur contribuendo al bene comune. La Luna Nuova in Vergine il 23 agosto, con il Sole che entra in Vergine, ci spinge a stabilire propositi di miglioramento pratico e cura di sé.

Settembre comincia con la Luna Piena in Pesci il 7, che amplifica le connessioni spirituali, con il Sole in Vergine che ci invita a radicare queste esperienze. Il 21 settembre, la Luna Nuova in Vergine, sostenuta dal Sole in Vergine, offre un'opportunità perfetta per affinare routine e abitudini salutari.

Ottobre inizia con la Luna Piena in Ariete il 7, che ci sprona all'azione personale, mentre il Sole in Bilancia ci incoraggia a cercare equilibrio nelle nostre relazioni. Il 21 ottobre, la Luna Nuova in Bilancia, con il Sole ancora in Bilancia, offre un nuovo inizio nelle relazioni, puntando sull'armonia.

Novembre porta la Luna Piena in Toro il 5, evidenziando la necessità di stabilità materiale, mentre il Sole in Scorpione ci chiede di affrontare le profondità del nostro essere. Il 20 novembre, la Luna Nuova in Scorpione, con il Sole ancora in Scorpione, segna un momento di trasformazione interiore.

Dicembre chiude l'anno con la Luna Piena in Gemelli il 4, che favorisce la comunicazione aperta, mentre il Sole in Sagittario ci spinge a guardare oltre l'orizzonte. Il 20 dicembre, la Luna Nuova in Sagittario, con il Sole in Sagittario, apre la strada a nuove avventure e a una visione espansiva per il futuro.

PESCI

♓

Compleanni dal 19 febbraio al 20 marzo

PESCI IN SINTESI

- **Elemento:** Acqua
- **Pianeta dominante:** Nettuno
- **Pianeta della carriera:** Giove
- **Pianeta dell'amore:** Mercurio
- **Pianeta denaro:** Marte
- **Il pianeta salute e lavoro:** Sole
- **Pianeta della casa e della vita familiare:** Mercurio
- **Pianeta del divertimento, dell'intrattenimento, della creatività e del piacere:** Luna

Pesci

Totem: Il Protagonista
Colori: Acqua, Viola
Colori dell'amore, del romanticismo e dell'armonia sociale: Toni della terra, giallo, giallo-arancio
Colori per il potere di guadagno: Rosso, Scarlatto
Gemma: Selenite
Metallo: Stagno
Profumo: Loto, Petrichor
Qualità: Mutevole (Flessibilità)
Qualità necessarie per l'equilibrio: Struttura e forma di manipolazione
Virtù più forti: Potere psichico, sensibilità, abnegazione, altruismo
Bisogni più profondi: Illuminazione spirituale, liberazione
Caratteristiche da evitare: Evasione, cattive compagnie, stati d'animo negativi
Segni di maggiore compatibilità generale: Cancro, Scorpione
Segni di maggiore incompatibilità generale: Gemelli, Vergine, Sagittario
Segno più utile alla carriera: Sagittario
Segno più utile per il sostegno emotivo: Gemelli
Segno più utile dal punto di vista finanziario: Ariete
Segno migliore per il matrimonio e le relazioni di coppia: Vergine
Segno più utile per i progetti creativi: Cancro
Segno migliore per divertirsi: Cancro
Segni più utili nelle questioni spirituali: Scorpione, Acquario
Il giorno migliore della settimana: Giovedì

Il mito del segno zodiacale dei Pesci

Nel mondo antico, gli dei camminavano spesso tra gli uomini, a volte per guidarli, a volte per metterli alla prova e a volte semplicemente per sperimentare le spire mortali.

Tra questi dei c'erano Afrodite, la dea dell'amore e della bellezza, e suo figlio Eros, il malizioso dio del desiderio. Un giorno fatale, il mostruoso Tifone, una bestia così temibile che persino gli dei tremavano al suo nome, si levò dalle profondità del caos per sfidare gli Olimpi

. Gli dei, disperati, si trasformarono in vari animali per sfuggire alla sua ira. Afrodite ed Eros, in cerca di rifugio, saltarono nel fiume Eufrate e si trasformarono in una coppia di pesci. Ma questa trasformazione non fu solo un mezzo di fuga: fu un profondo atto d'amore e di unione.

Legati insieme da un cordone indissolubile, nuotarono in perfetta armonia, ogni movimento a testimonianza del loro profondo legame.

Questo legame, questa danza eterna, divenne il simbolo dei Pesci, rappresentando la natura inseparabile dell'amore e l'interazione divina tra due anime. I pesci nuotavano insieme, navigando nelle correnti e nelle profondità, metafora del viaggio dei Pesci attraverso le acque emotive e spirituali della vita.

 Incarnano l'essenza dell'empatia, dell'intuizione e della connessione mistica che trascende il regno fisico. Nella loro danza, riflettevano la dualità dell'esistenza - il costante equilibrio tra realtà e sogno, il visibile e l'invisibile, il tangibile e l'etereo. Zeus, il re degli dei, commosso dalla loro devozione e unità, immortalò la loro immagine nel cielo notturno.

Così nacque la costellazione dei Pesci, un promemoria celeste del potere dell'amore, del sacrificio e del legame spirituale che non può mai essere spezzato.

Per i nati sotto il segno dei Pesci, questo mito serve da guida. Insegna loro a navigare nella complessità delle emozioni e dell'intuizione, ad abbracciare la loro sensibilità e le loro capacità psichiche e a capire che la loro più grande forza risiede nella capacità di connettersi profondamente con gli altri.

Proprio come i pesci del mito, i Pesci sono destinati a nuotare nella vita con grazia, empatia e una fede incrollabile nelle forze invisibili che li guidano.

Capire un Pesci

Se c'è una cosa da sapere sui Pesci è questa: credono nei lati **invisibili, spirituali e psichici** della vita tanto quanto credono nella terra sotto i piedi. I Pesci vivono in un mondo in cui l'intuizione e le emozioni sono le loro stelle guida, e spesso le trovano più reali degli aspetti tangibili della realtà.

I Pesci sono le **centrali emotive dello** zodiaco. Il loro intuito è così acuto che può tagliare la nebbia dell'incertezza. Ma questo può essere frustrante per le persone che puntano tutto sulla logica e sul successo materiale. Se siete ossessionati dal denaro e dallo status, non riuscirete mai a conquistare un Pesci.

I Pesci hanno l'intelletto, ma per loro è solo uno strumento per razionalizzare la loro **saggezza intuitiva**.

 Si sentono come pesci in un oceano infinito di pensieri ed emozioni. Desiderano le acque più pure della verità e della bellezza, ma spesso vengono trascinati in profondità più torbide. Non creano pensieri, ma si sintonizzano su di essi, come se captassero le onde radio.

Questo talento unico li rende incredibilmente artistici e musicali. Molti Pesci nascondono la loro natura spirituale, soprattutto nel mondo delle aziende, ma non fatevi illusioni: è sempre presente. Esistono quattro atteggiamenti spirituali: lo scetticismo assoluto, la fede in un Dio lontano, l'esperienza spirituale personale diretta e l'unità con il divino.

I Pesci sono attratti da questo quarto livello di unità spirituale, che li rende **yogi naturali** e ricercatori spirituali.La fede dei Pesci in una realtà superiore li rende estremamente tolleranti e comprensivi, a volte troppo. Devono imparare a dire "quando è troppo è troppo" e a farsi valere. Aspirano a essere **santi** a modo loro, e cercare di imporre loro la vostra idea di santità è una follia. Troveranno sempre la loro strada.

Siamo realiste, signore. Vi siete mai chieste perché il vostro partner Pesci sembra vivere su un altro pianeta per metà del tempo? È perché è così! Sono sintonizzati su una frequenza spirituale che la maggior parte di noi non può nemmeno lontanamente comprendere.

Il loro **potere psichico** e la loro **sensibilità** sono fuori scala, ed è questo che li rende così dannatamente intriganti. Ma ecco il bello: mentre loro fluttuano nel loro mondo etereo, voi siete costretti a occuparvi delle cose tangibili. Ecco perché la **struttura e la gestione della forma** sono qualità cruciali di cui hanno bisogno per l'equilibrio. Teneteli a terra, ma non tarpate loro le ali.

Hanno bisogno di libertà per esplorare quelle acque profonde e mistiche.

I Pesci sono i sognatori dello zodiaco e hanno bisogno di un partner che sappia apprezzare la loro miscela unica di **profondità emotiva** e **intuizione spirituale**. Possono essere le persone più **altruiste e altruiste che si possano** incontrare, ma possono anche scivolare nell'**evasione** e negli **stati d'animo negativi**, se non stanno attenti. Incoraggiate le loro ricerche spirituali, ma ricordate loro l'importanza della **struttura**. E ricordate che i Pesci non hanno bisogno di un partner che cerchi costantemente di cambiarli. Hanno bisogno di qualcuno che accetti la loro natura mistica e magica e che li riconduca delicatamente alla realtà quando si allontanano troppo.

Finanza

Per il sognatore dei Pesci, il denaro è come quell'ex di cui non si riesce a liberarsi: necessario, ma non esattamente l'obiettivo principale. Certo, ne hanno bisogno come tutti gli altri e molti di loro finiscono per arrotondare. Ma per loro i soldi non sono la cosa più importante. Cosa spinge davvero i Pesci? Fare del bene, sentirsi bene, la pace mentale e alleviare il dolore e la sofferenza del mondo. Sì, sono i santi dello zodiaco.

I Pesci hanno un modo unico di fare soldi. Non seguono fogli di calcolo o piani finanziari; seguono il loro *istinto*. Guadagnano in modo intuitivo, lasciandosi guidare dalle loro intuizioni. Questo li rende generosi fino al midollo, spesso pronti a dare il loro ultimo dollaro a qualcuno che ne ha bisogno.

Questo grande cuore è una delle loro migliori qualità, ma può anche essere la loro rovina finanziaria. Dolce Pesci, è ora di essere un po' più selettivi su chi riceve i vostri soldi duramente guadagnati. Assicuratevi di non distribuirli a tutte le storie tristi che vi capitano a tiro. E quando fate beneficenza, fate i compiti a casa. Controllate che i vostri contributi facciano davvero la differenza. Anche quando i Pesci non nuotano nella ricchezza, sono sempre desiderosi di aiutare gli altri. Ricordate che a volte è giusto mettere se stessi al primo posto.

La più grande trappola finanziaria per i Pesci è il loro atteggiamento di "laissez-faire". Amano seguire la corrente, ma quando si tratta di finanze, questo può portare a problemi. I Pesci hanno bisogno di incanalare lo squalo che è in loro, di inseguire ciò che desiderano con forza. Sedersi e aspettare che la ricchezza arrivi a loro porterà solo a perdere opportunità e perdite. È il momento di prendere in mano la situazione, di creare la propria ricchezza e di far accadere le cose.

Preoccuparsi della sicurezza finanziaria non la avvicinerà. I Pesci devono invece essere proattivi. Smettetela di subire passivamente le decisioni finanziarie e iniziate a governare la nave. Perseguite i vostri obiettivi finanziari con tenacia e determinazione. Dopo tutto, anche il pesce più sereno del mare deve fare delle onde per arrivare dove vuole. Quindi, tuffatevi, prendete il controllo e osservate come la padronanza del flusso di denaro cambierà la vostra vita.

Carriera e immagine pubblica

Si guardano con ammirazione quei tipi dal cuore grande che cambiano il mondo, non è vero? Quelli che portano il loro nome inciso sulle ali degli ospedali o che danno vita a movimenti che scuotono il mondo. Desiderate essere al timone di queste grandi imprese, orchestrare operazioni su larga scala e avere un impatto che riecheggi attraverso le generazioni.

Ma ecco il bello, signore: per sfruttare davvero il vostro potenziale di Pesci, dovete uscire dal guscio. Sì, è ora di uscire, vedere il mondo e assorbire quante più conoscenze possibili. Pensate a questo: avete bisogno di una spruzzata dell'implacabile ottimismo del Sagittario per alimentare il vostro viaggio verso la vetta. Viaggiare non significa solo fare foto degne di Instagram, anche se quelle sono belle, ma anche ampliare i propri orizzonti e nutrire la propria mente con nuove esperienze. Immaginatevi come una spugna che assorbe la saggezza da ogni angolo del mondo.

Con la vostra innata compassione e il vostro spirito generoso, siete naturalmente attratti da carriere in cui potete fare la differenza nella vita delle persone. È per questo che molti di voi finiscono per diventare medici, infermieri, assistenti sociali o insegnanti. Avete quel tocco magico che può guarire ed elevare gli altri. Immaginate di essere l'infermiera che conforta un paziente spaventato o l'insegnante che suscita in un bambino l'amore per l'apprendimento per tutta la vita. *È come essere un supereroe senza mantello.*

Ora, potrebbe essere necessario un po' di esame di coscienza per capire cosa accende esattamente il vostro fuoco professionale. Ma una volta scoperta una carriera che si allinea con le vostre passioni e vi permette di mettere in mostra le vostre virtù uniche, non solo prospererete, ma vi eleverete. Pensate che è come trovare la vostra anima gemella nel mondo del lavoro. Quando questo accade, non c'è modo di fermarvi. Sarete la stella guida a cui gli altri guardano, il leader che ispira, il filantropo che cambia la vita. Quindi, preparatevi a prendere il controllo e a tracciare la vostra strada, Pesci. Il mondo sta aspettando il vostro tocco magico.

Amore e relazioni

Con questa coppia vi tufferete nel profondo dell'oceano emotivo. I Pesci sono "ultraterreni" e desiderano un partner pratico e concreto. Perché? Perché *detestano* assolutamente occuparsi dei dettagli della vita. Vogliono qualcuno che abbia tutte le carte in regola mentre loro fluttuano nella loro bolla di sogno. **Non si tratta solo di una preferenza, ma di una necessità.**

Immaginate di essere l'ancora che impedisce al vostro amante dei Pesci di andare alla deriva nell'etere. Questa dinamica porta un senso di realtà nel loro mondo stravagante. Ma non illudetevi: questo accordo comporta una buona dose di momenti da montagne russe. La vostra praticità si scontrerà con i loro sogni. *Immaginate un maniaco dell'ordine che vive con un artista che vede i piatti sporchi come futuri progetti artistici.* Incomprensioni? Oh, ne avrete a bizzeffe. La pazienza è la vostra migliore amica, perché per far sì che un Pesci si stabilizzi in un ritmo stabile ci vuole del tempo. Sono lunatici, intuitivi, affettuosi e a volte completamente misteriosi. È come sbucciare una cipolla: strato dopo strato, lacrima dopo lacrima.

Ma ecco la ricompensa: una volta decifrato il loro codice, si scopre un'anima che è oro puro. I Pesci sono sensibili, amorevoli e profondamente affettuosi. Vi inondano di amore e si aspettano lo stesso in cambio. È una corsa sfrenata, ma ne vale la pena. Nel campo dell'amore, i Pesci sono i sognatori per eccellenza. Fantasticano come se fosse uno sport olimpico e per loro la fantasia è il *90% del divertimento*. Idealizzano i loro partner, costruendoli su piedistalli così alti da richiedere una scala per avvicinarsi.

Questa può essere un'arma a doppio taglio. Da un lato, è lusinghiero essere la visione perfetta dell'amore di qualcuno. Dall'altro, *chi può essere all'altezza di una fantasia?*

Stare con un Pesci significa abbracciare le onde delle sue emozioni e delle sue fantasie. È **una sfida, ma se siete in grado di affrontarla, troverete un partner tanto devoto quanto sognatore.** Hanno bisogno della vostra influenza di base tanto quanto voi avete bisogno del loro tocco magico. Quindi, se siete pronti a guidare questa nave attraverso mari calmi e tempestosi, allacciate le cinture. Amare un Pesci è un viaggio senza precedenti, pieno di passione, pazienza e, soprattutto, di un affetto profondo e infinito.

Casa e vita domestica

I Pesci sono attenti ai sentimenti e agli stati d'animo, e spesso si aspettano che tutti coloro che li circondano siano altrettanto intuitivi.

Spoiler: **non lo sono.**

Per far funzionare le cose, i Pesci devono abbassare le vibrazioni emotive e aumentare la comunicazione verbale. Immaginate questo: invece del solito gioco di congetture, immaginate di fare una chiacchierata calma e diretta su ciò che sta accadendo. È come passare dalle montagne russe emotive a una tranquilla gita domenicale in auto.

Ecco un fatto divertente: molti Pesci hanno una vena di vagabondaggio. Si sentono soffocare se rimangono bloccati in un posto per troppo tempo. Stabilità? Sembra più una condanna a vita per loro.

Pensate a loro come ai nomadi dello zodiaco dallo spirito libero, sempre alla ricerca della prossima avventura. *Avete mai provato a convincere un Pesci a rimanere fermo? È come cercare di impedire a un palloncino di volare via.*

Il segno dei Gemelli si trova sulla cuspide della quarta casa solare dei Pesci, quella della casa e della famiglia. Questo elemento astrologico significa che i Pesci desiderano una casa che sia un centro di stimolazione intellettuale e mentale.

L'ambiente ideale è quello di una biblioteca accogliente, dove i vicini sono praticamente una famiglia. Immaginate una casa piena di libri, discussioni vivaci e una politica di porte aperte per amici e vicini. È come "Cheers", *ma con meno birra e più conversazioni profonde.*

Ma ecco il colpo di scena: i Pesci possono essere delle contraddizioni ambulanti quando si tratta di vita familiare. Amano il sostegno emotivo della famiglia, ma gli obblighi e le restrizioni? Non molto. È come se volessero i benefici di una casa amorevole senza le faccende domestiche. **Trovare un equilibrio è fondamentale.**

Hanno bisogno di una vita familiare che permetta loro di fluttuare liberamente, ma che fornisca anche un porto sicuro a cui tornare. È un gioco di prestigio, ma se fatto bene, è una bellissima danza di dare e ricevere.

Quindi, se vivete con un Pesci, accogliete le onde emotive, ma non dimenticatevi di inserire una comunicazione chiara e logica.

Create un ambiente domestico stimolante e flessibile e vedrete il vostro Pesci prosperare. Si tratta di trovare il punto di incontro tra la libertà e il legame, per una vita domestica armoniosa e dinamica. **Preparatevi a danzare la delicata danza dell'amore, della logica e di un po' di voglia di viaggiare!**

Pesci oroscopo 2025

Per la prima volta dal 2007, il Nodo Nord entra nel vostro segno proprio all'inizio dell'anno, portando con sé una serie di eclissi nei prossimi 18 mesi. Le **eclissi sono come scosse cosmiche:** vi spingono a crescere, smuovendo le acque e tenendovi sulle spine. Questo è il vostro grande anno di crescita, Pesci. Sei la stella del 2025, il protagonista della tua saga epica. Ad aumentare il dramma, diversi pianeti faranno il tango retrogrado, entrando e uscendo dal tuo segno. Ciò significa che si soffermeranno più a lungo, accendendo ancora di più i riflettori su di voi. Immaginate di essere sotto una lente d'ingrandimento, con l'universo che vi dice: "Ehi, è il vostro momento di brillare, o di schiantarvi: a voi la scelta!".

Ecco che le cose si fanno davvero succose. Giganti in lento movimento come Saturno, Urano e Nettuno stanno cambiando segno, scuotendo le norme sociali. **Per voi si tratta di un cambiamento sismico.** Saturno e Nettuno usciranno in punta di piedi dal vostro segno per una parte dell'anno, per poi trasferirsi completamente in Ariete l'anno prossimo. Da marzo 2023, Saturno è stato il vostro severo insegnante, scaricandovi le responsabilità sul piatto ed esigendo disciplina. Nettuno, con le sue vibrazioni sognanti, si trova in Pesci dal 2012. Quest'anno, la foschia spirituale di Nettuno finalmente si dissolve per metà dell'anno, permettendovi di vedere le cose con chiarezza cristallina, o almeno più del solito. *È come passare da una lente appannata a una ad alta definizione.*

E parliamo di Giove, la vostra cheerleader della carriera. A metà anno passa dai chiacchieroni Gemelli al rassicurante Cancro, un altro segno d'acqua. Giove è sinonimo di crescita ed espansione, quindi aspettatevi una marea di creatività e di opportunità. Questo è il vostro anno per cavalcare l'onda dell'abbondanza. A giugno Giove lascia il vostro settore natale e a luglio Urano, il pianeta della sorpresa e dell'innovazione, prende il suo posto. Anche Mercurio, Venere e Marte quest'anno sono retrogradi. In particolare, Venere e Mercurio retrocederanno tra l'Ariete e i Pesci, proprio come Saturno e Nettuno. Le **questioni di denaro saranno sotto i riflettori**, poiché questi pianeti danzano tra i settori dell'auto-miglioramento e della finanza. Anche Marte, il vostro pianeta finanziario, avrà la sua retrogradazione, i cui dettagli saranno al centro del settore della carriera e delle finanze.

Con una suddivisione trimestrale, il primo trimestre si concentra sul miglioramento di sé e delle relazioni. Nel secondo trimestre, l'attenzione si sposta sulle finanze. Nel terzo trimestre si tratta di bilanciare le finanze e le relazioni. E quando l'anno si chiude, i pianeti tornano in Pesci, ponendo di nuovo l'accento sul miglioramento personale. **Preparatevi quindi a cavalcare queste montagne russe cosmiche, Pesci. È il vostro anno per stupire, crescere e prendere il controllo come mai prima d'ora.**

Salute

Quest'anno il cosmo vi sfida a entrare nel vostro potere e a prendere il controllo della vostra routine di benessere. Immaginate che l'universo sia il vostro personal trainer e che vi chieda: "Avete la resistenza per affrontare ciò che sta per arrivare?". La **salute e il benessere sono al centro dell'attenzione** perché Marte inizia l'anno in moto retrogrado nella sesta casa dei Pesci, quella del benessere fisico. Marte è come quel fastidioso personal trainer che vi urla sempre di spingere di più, ma è anche un avvertimento a stare attenti alla dieta e a evitare sforzi eccessivi.

Marte esce da questo settore all'inizio dell'anno, ma la sua ombra retrograda permane fino al 23 febbraio. Siate quindi molto cauti con la vostra salute, soprattutto a gennaio, quando Marte e Plutone sono in quadratura come due campioni dei pesi massimi. Considerate questo mese come il momento perfetto per prenotare gli appuntamenti con il vostro medico o con il vostro guru del benessere, attesi da tempo. **La vostra salute è la vostra ricchezza, cara, ed è ora di investire con saggezza.**

Il Sole, il vostro pianeta della salute, ha davanti a sé un anno impegnativo. Immaginatelo come una rockstar in tournée, che tocca tutte le note più alte mentre si confronta con i pianeti esterni. Con Nettuno, Saturno, Urano e Plutone che giocano a rimpiattino, la vostra salute subirà picchi e cali. La coerenza nelle vostre routine di benessere è fondamentale. *Pensate al lavaggio dei denti: non lo saltereste mai, vero?* Lo stesso vale per le vostre abitudini di salute.

Vediamo come procedere: In primo luogo, concentratevi sui piedi. I Pesci governano i piedi nell'astrologia medica, quindi date loro un po' di amore in più. Con Saturno che entra ed esce dal vostro segno, una cura regolare dei piedi come la riflessologia, il massaggio o l'agopuntura può fare miracoli. Immaginatela come una giornata di benessere personale per i vostri piedi, perché, diciamolo, ve la meritate. Il Sole governa il cuore e, con Marte retrogrado, la salute del cuore è fondamentale. *Pensate al vostro cuore come al motore della vostra auto: ha bisogno di una manutenzione regolare per funzionare senza intoppi. Seguite le* pratiche per la salute del cuore, soprattutto durante la retrogradazione di Marte e il suo transito in Leone.

Infine, parliamo del vostro intestino. Poiché metà delle eclissi del 2025 si verificheranno in Vergine, che governa l'apparato digerente, la salute dell'intestino è fondamentale. Immaginate il vostro intestino come il terreno di un giardino: ha bisogno dei giusti nutrienti per fiorire. Concentratevi su una dieta che supporti la vostra flora intestinale, in particolare durante le eclissi di marzo e settembre.

Amore e vita sociale

Le relazioni sono al centro della scena quando il nodo sud entra in Vergine l'11 gennaio, mettendo in moto la vostra settima casa delle collaborazioni. Il nodo sud non arriva da solo, ma porta con sé due eclissi che **riveleranno importanti verità** sulle vostre collaborazioni. Le eclissi sono come un controllo cosmico della realtà: aspettatevi un po' di tensione, ma anche una crescita. Un'eclissi in Vergine, combinata con Venere retrograda, renderà questo un momento privilegiato per esaminare la vostra vita sentimentale. Se avete una relazione, vi chiederete se i vostri bisogni sono soddisfatti e se c'è equilibrio nella vostra dinamica di potere. **Vi sentite trascurati o sovraccaricati?** Questa è la vostra occasione per farvi sentire. Se siete single, è il momento di riflettere sul vostro approccio alle relazioni e di valutare la vostra disponibilità emotiva. *Consideratele come le pulizie di primavera per il vostro cuore.* Avanti di due settimane: Venere rientra nel vostro segno e rimane retrograda fino a metà aprile, sovrapponendosi alla retrogradazione di Mercurio in Pesci. È come se l'universo mettesse in pausa, costringendovi a rivedere e rivalutare questioni a lungo ignorate. Le relazioni che hanno ribollito di tensioni irrisolte raggiungeranno il punto di ebollizione. È **un periodo di rottura, perfetto per** affrontare finalmente quelle preoccupazioni assillanti. A metà maggio le retrogradazioni finiscono e le cose prendono velocità, offrendo chiarezza e direzione.

Settembre porta un'altra serie di rivelazioni sulle relazioni con altre due eclissi. L'eclissi del 7 settembre nel vostro segno enfatizza l'"io" nelle relazioni: i vostri bisogni, desideri e individualità. Due settimane dopo, l'eclissi in Vergine si concentra sull'"altro", mettendo in luce il ruolo del vostro partner. Questo periodo è cruciale per affrontare il tema dell'equilibrio tra autonomia personale e impegni di coppia. **Vi sentite un po' persi nel "noi"?**

È ora di reclamare un po' di "io". E non dimentichiamoci della vostra vita sociale! Saturno, il pianeta che governa la vostra posizione sociale, lascia il vostro segno ed entra in Ariete dal 24 maggio al 1° settembre.

Tirate un sospiro di sollievo perché le vibrazioni restrittive di Saturno si attenuano, rendendo quest'estate perfetta per ampliare la vostra cerchia di amici. Immaginate le possibilità: nuove amicizie, eventi sociali emozionanti e una scena sociale più leggera e libera. Novembre sarà caratterizzato da un grande trono d'acqua che coinvolgerà Saturno, il Sole e Giove, un aspetto armonioso perfetto per salire la scala sociale o per organizzare una grande festa. *Pensate che la vostra vita sociale sta facendo il botto.*

Vita finanziaria

Il settore della carriera sta ricevendo una spinta importante grazie ad alcuni allineamenti astrologici stellari, ma le vostre finanze? Beh, sono sotto il microscopio. Vediamo cosa hanno in serbo per voi le stelle.

Innanzitutto parliamo di Giove, il vostro pianeta della carriera. Quest'anno Giove si sposta in grande stile nel Cancro, il suo segno di esaltazione. **Immaginatevi questo: Giove che conclude il suo corso di marketing nei Gemelli e passa al Cancro il 9 giugno.** L'influenza dei Gemelli è stata tutta incentrata sul networking e sul lavoro, quindi, se non l'avete ancora fatto, uscite e iscrivetevi a qualche organizzazione professionale prima che Giove vi saluti. Una volta in Cancro, l'attenzione di Giove si sposta dal calcolo dei numeri alla ricerca di una realizzazione emotiva e spirituale nella vostra carriera. Durante questo transito, incorporare la filantropia o il volontariato nel vostro lavoro può portare immensa soddisfazione e abbondanza. Giove in Cancro vi permette di sentirvi bene e di fare del bene. Ma attenzione: a novembre Mercurio diventa retrogrado nel settore della carriera dal 9 al 18. Questo periodo è perfetto per rivalutare la situazione. Questo periodo è perfetto per rivalutare i vostri obiettivi di carriera e assicurarvi di essere sulla strada giusta. **Consideratelo un audit cosmico.**

Ora affrontiamo il tema delle finanze, dove le cose si complicano un po'. Marte, il vostro pianeta delle finanze, inizia l'anno retrogrado. Quando Marte non si muove, non dovrebbero farlo nemmeno le vostre spese. **Adottate un approccio conservativo: risparmiate di più, spendete di meno.** Marte diventa diretto il 23 febbraio e, dal 2 maggio, va a tutta velocità. Ma non mettetevi troppo comodi: a marzo Mercurio e Venere retrogradi nella vostra casa delle finanze vi spingeranno a stringere ulteriormente i cordoni della borsa. Marzo porta anche Nettuno nel vostro settore finanziario, creando un'atmosfera nebbiosa e incerta intorno alle questioni di denaro fino a ottobre. Prima di questo transito, fate un controllo approfondito delle vostre finanze. *Consideratela come una pulizia di primavera per il vostro conto in banca.* Saturno entra in Ariete a maggio e si trattiene fino al 1° settembre, portando disciplina e restrizioni. **Questo è il momento di migliorare le vostre conoscenze finanziarie.** Seguite un corso, assumete un consulente finanziario o dedicatevi a un serio studio autonomo. L'amore severo di Saturno può creare le condizioni per una stabilità finanziaria a lungo termine.

Casa

Urano, il pianeta delle scoperte e delle sorprese, entra nella quarta casa dei Pesci, quella della casa e della vita domestica, a luglio. **Pensate a Urano come alla zia matta che arriva senza preavviso e riorganizza tutti i vostri mobili.** L'energia di questo pianeta è fatta di cambiamenti improvvisi e svolte inaspettate, proprio come la carta della Torre nei Tarocchi, che simboleggia cambiamenti e sconvolgimenti drammatici. Da luglio a dicembre, Urano giocherà il suo jolly nella vostra vita domestica. Se vi state già destreggiando tra responsabilità personali e professionali, tenetevi forte. **Urano prospera sull'instabilità**, quindi è fondamentale concentrarsi su ciò che si può controllare e lasciare andare il resto. Avete dei progetti di miglioramento della casa in sospeso? Affrontateli prima di luglio, perché una volta che Urano si muove, è come aprire il vaso di Pandora. *Immaginate di cercare di riparare un tetto che perde durante un uragano: meglio farlo quando il sole splende ancora.* Ora anche Mercurio, il pianeta che governa la casa e la vita domestica, ha qualche asso nella manica. Quest'anno sarà retrogrado non una, non due, ma tre volte: Dal 15 marzo al 7 aprile, dal 18 luglio all'11 agosto e dal 9 al 29 novembre. **Queste sono le zone in cui non è possibile iniziare nuovi progetti domestici.** Continuare quello che avete già iniziato? Va bene. Iniziare da capo? Non molto. Durante queste retrogradazioni, i disguidi e i ritardi sono all'ordine del giorno. Immaginate di decidere di rinnovare la vostra cucina e di ritrovarvi con un appaltatore che parla una lingua diversa, letteralmente. Risparmiatevi il mal di testa e limitatevi a mantenere lo status quo in questi periodi.

Crescita personale

Da marzo 2023 Saturno è il vostro sergente istruttore cosmico, che vi spinge in un campo di addestramento di 2 anni e mezzo di responsabilità e disciplina.

Ma c'è una buona notizia: dal 24 maggio al 1° settembre, Saturno si prende una vacanza estiva, concedendovi una pausa molto necessaria. Consideratela come una pausa prima degli esami finali. È un'occasione d'oro per riflettere su ciò che avete imparato, sulle relazioni che avete abbandonato e su quali parti della vostra identità non vi servono più.

La breve uscita di Saturno è più di una pausa: è un'occasione per riprendere fiato e fare strategia.

Quando Saturno lascerà definitivamente i Pesci nel 2026, non tornerà per oltre 28 anni. Quest'estate prendetevi il tempo per identificare il bagaglio che volete lasciarvi alle spalle quando Saturno uscirà definitivamente. *Immaginatelo come se steste facendo le valigie per un viaggio: prendete solo ciò che vi serve veramente e lasciate indietro il resto.*

Ma aspettate, c'è di più! Anche Nettuno, il pianeta dei sogni e della nebbia, sta per fare un'uscita significativa. Dal 30 marzo al 22 ottobre, Nettuno lascia i Pesci, dove si trova dal 2012. **Immaginatevi la nebbia che si alza e finalmente vedete la strada davanti a voi con chiarezza.**

La partenza di Nettuno porta un senso di chiarezza e di illuminazione spirituale. Questo è il momento ideale per scrivere un diario sul vostro viaggio dal 2012, su chi eravate allora e su chi siete adesso.

È come scrivere una lettera al vostro io passato e rendervi conto di quanta strada avete fatto. L'uscita di Nettuno significa che la vostra percezione si acuirà e vedrete le cose con una chiarezza che non sperimentavate da anni. Quando Nettuno si congederà definitivamente l'anno prossimo, non tornerà più nel vostro segno nel corso della vostra vita. Accogliete quindi questo raro momento di chiarezza cosmica.

A questo mix trasformativo si aggiunge l'ingresso del Nodo Nord nel vostro segno.

Questo è il semaforo verde cosmico per immaginare i vostri sogni più selvaggi. Tirate fuori le tavole delle visioni, iniziate a scrivere un diario e programmate controlli regolari sui vostri obiettivi. Con le eclissi di questa primavera e autunno, sentirete una spinta in più per entrare nel ruolo di Protagonista della vostra vita.

Previsioni mese per mese

Gennaio

Giorni migliori in assoluto: 11-14, 30-31
Giorni più stressanti in generale: 15-19
Giorni migliori per l'amore: 27-31
Giorni migliori per il denaro: 19-23
Giorni migliori per la carriera: 8-11
Parola d'ordine: Evolvere

Siete pronti a prendere il controllo della vostra vita sentimentale? Allacciate le cinture, perché Venere dà il via all'anno con un ingresso da sogno nel vostro segno il 2. Questa amata celeste vi permette di concentrarvi sull'amore e la compassione per voi stessi

. Questo tesoro celeste vi consente di concentrarvi sull'**amore per voi stessi** e sull'**autocompassione**. Immaginatevi mentre vi concedete appuntamenti in solitaria, sedute di coccole e momenti di puro apprezzamento di voi stessi. Pensate a Venere come alla vostra cheerleader cosmica, che vi incoraggia a trattare voi stessi con lo stesso amore e la stessa cura che riservate agli altri. Marte, il pianeta dell'azione, è retrogrado e rientra in Cancro il 6. Questo può sembrare un tentativo di correre in mezzo alla strada. Può essere come cercare di correre nelle sabbie mobili, soprattutto nelle aree della creatività e del romanticismo.

È frustrante, certo, ma è anche un'occasione d'oro per rallentare e rivalutare. Forse quel romanzo su cui vi siete arenati ha bisogno di una nuova prospettiva, o forse la vostra vita sentimentale ha bisogno di un po' di introspezione. Le **dinamiche domestiche e familiari** potrebbero avere l'impressione di strattonare il vostro cuore, aggiungendo un ulteriore livello di complessità alle vostre attività romantiche e creative. È un momento di radicamento, quindi tirate fuori i tappetini da yoga e le applicazioni per la meditazione. La **guarigione del vostro bambino interiore** può essere particolarmente potente in questo momento, quindi permettetevi di immergervi in profondità nelle ferite del passato e di uscirne più forti.

Con l'inizio della stagione dell'Acquario il 19, seguita dall'incontro del Sole con Plutone il 21, è il momento di liberarsi delle vecchie identità e di abbracciarne di nuove e più forti. Questo periodo è adatto alla terapia, al life coaching o a qualsiasi forma di auto-riflessione che vi aiuti a crescere. Ricordate, il 2025 per voi Pesci è un anno di **evoluzione**. Accoglietela a braccia aperte e con un cuore gentile.

Febbraio

Giorni migliori in assoluto: 1-3, 27-28
Giorni più stressanti in generale: 10-15
Giorni migliori per l'amore: 14-18
Giorni migliori per il denaro: 24-27
Giorni migliori per la carriera: 5-9
Parola d'ordine: Nuovo

Questo mese inizia con un bacio del cosmo: il 1° Venere si allinea con Nettuno. È un momento perfetto per immergersi nella natura o per dedicarsi ad attività che coinvolgono l'anima. Solo un paio di giorni dopo, Mercurio e Giove si alleano per favorire la comunicazione, soprattutto in casa e in famiglia. Fate quei colloqui a cuore aperto che avete sempre evitato. Le vostre parole hanno ora un peso e una saggezza maggiori.

Il riflettore del mese è l'infuocata Luna piena in Leone, il 12. Non si tratta di una Luna piena ordinaria, ma di un fuoco d'artificio relazionale, grazie alla tensione con Urano. I **cicli emotivi** raggiungono il loro apice e sentirete il bisogno di liberarvi da tutto ciò che soffoca il vostro vero io. In questo periodo il vostro corpo sarà il narratore della verità, quindi ascoltatelo. *Vi sentite spenti? Forse è la vostra routine o anche la vostra dieta che ha bisogno di una modifica.*

Con l'inizio della stagione dei compleanni il 18 e la successiva Luna Nuova il 27, è tempo di **nuovi inizi**. Stabilite le vostre intenzioni e incarnate tre parole che definiscano il vostro anno. Fatele diventare parte delle vostre affermazioni quotidiane e guardate come vi evolvete verso il vostro io migliore.

Marzo

Giorni migliori in generale: 27-30
Giorni più stressanti in generale: 1-3, 13-16
Giorni migliori per l'amore: 4-8
Giorni migliori per il denaro: 7-12
Giorni migliori per la carriera: 21-25
Parola d'ordine: Spese

Venere diventa retrograda in Ariete il 1°, spingendovi a ripensare le vostre finanze. *Vi pagano quanto valete?* È il momento di esaminare il vostro budget e di assicurarvi che la vostra nave finanziaria navighi senza problemi.

Boom! La prima eclissi dell'anno si verifica il 14 in Vergine, il vostro segno opposto, scuotendo le vostre relazioni.

Le eclissi sono come dei campanelli d'allarme cosmici, che spingono a conversazioni necessarie ma scomode. Mercurio retrogrado in Ariete il giorno successivo aggiunge caos al caos, mettendo in evidenza la **reciprocità e i confini** nelle vostre relazioni.

La stagione dell'Ariete inizia il 20, seguita da un'altra eclissi in Ariete il 29. Il 30 Nettuno entra in Ariete per la prima volta nella vostra vita, aggiungendo uno strato sognante e introspettivo al mese. Il 30, inoltre, Nettuno entra in Ariete per la prima volta nella vostra vita, aggiungendo un livello di sogno e introspezione al mese. L'energia dell'Ariete è intensa ed è fondamentale evitare le **spese gratuite**. Concentratevi sulla gratitudine per ciò che avete piuttosto che per ciò che vi manca.

Aprile

Giorni migliori in generale: 4-6, 10-12
Giorni più stressanti in generale: 25-29
Giorni migliori per l'amore: 16-20
Giorni migliori per il denaro: 19-22
Giorni migliori per la carriera: 8-11
Parola d'ordine: Comunicare

Il mese inizia con Venere nel vostro segno che si allinea armoniosamente con Marte il 5, creando un'atmosfera super romantica e creativa. È un momento perfetto per immergersi in progetti artistici o romantici.

Mercurio termina la sua retrogradazione il 7, portando sollievo ai problemi di comunicazione e di tecnologia.

Questo è significativo perché la Luna Piena in Bilancia del 12 è incentrata sul **benessere finanziario**.

È il momento di prendere sul serio gli investimenti e i debiti. Venere, che diventa diretta lo stesso giorno, favorisce mosse finanziarie audaci nel corso del mese, ma per ora abbracciate la frugalità.

Con l'inizio della stagione del Toro, il 19, i vostri modelli di comunicazione sono sotto i riflettori.

Mercurio retrogrado ha rivelato difetti nel vostro stile di comunicazione? Sfruttate l'energia del Toro per apportare cambiamenti di supporto. La Luna Nuova in Toro del 27 è ideale per attuare questi cambiamenti, ma fate attenzione a Marte che si oppone a Plutone, che può scatenare conflitti.

Venere entra in Ariete il 30, invitandovi ad agire sulle vostre abitudini di spesa.

È il momento di razionalizzare i flussi di reddito e di assicurarsi di essere su un percorso finanziario sostenibile.

Ricordate che la **comunicazione** è fondamentale questo mese: che sia con i vostri cari o con il vostro conto in banca, assicuratevi di essere chiari e decisi.

Maggio

Giorni migliori in generale: 1-5, 22-24
Giorni più stressanti in generale: 12-18
Giorni migliori per l'amore: 2-7
Giorni migliori per il denaro: 21-25
Giorni migliori per la carriera: 5-10
Parola d'ordine: Haven

Questo mese inizia con un'atmosfera mistica e onirica quando Venere e Nettuno uniscono le forze il 2 in Ariete. Questo transito è come indossare occhiali rosa: tutto sembra bello, ma potreste perdere il contatto con la realtà.

Fate attenzione alle spese in questo periodo, poiché si attiva la 2ª casa del denaro. È un periodo ideale per immergersi in progetti creativi, che si tratti di pittura, disegno o persino giardinaggio. Il 6 Venere e Plutone uniscono le forze per darvi una spinta cosmica a fare **una pausa e a ricaricarvi.**

 Siete stati pieni di energia creativa, ma anche le anime più vivaci hanno bisogno di una pausa. Pensate a una pausa per fare il pieno di energia creativa. La Luna piena in Scorpione del 12, abbinata a un aspetto teso Mercurio-Nettuno, vi spinge a ritagliarvi uno spazio di rifugio. Non si tratta di un angolo qualsiasi della casa, ma di un rifugio dove ritirarsi, disintossicarsi e riconnettersi alle proprie pratiche spirituali. Immaginate un angolo accogliente pieno delle vostre cose preferite: candele, *cristalli, forse anche una o due coperte di peluche.* Con l'inizio della stagione dei Gemelli il 20, seguito dall'ingresso di Mercurio in Gemelli il 25 e dalla Luna Nuova il 26, l'energia si sposta sulla casa e sulle dinamiche familiari. Questo è il semaforo verde per i **progetti di miglioramento della casa**. Che si tratti di riarredare o di immergersi nel feng shui, si tratta di creare uno spazio che sembri giusto. Con tutta questa energia dei

Gemelli, è anche il momento giusto per chiarire le cose con i membri della famiglia. Avete qualcosa da dire? Saturno entra in Ariete il 24, segnando l'inizio di un periodo di due anni e mezzo di revisione delle vostre abitudini finanziarie.

Non si tratta solo di tagliare le spese, ma di **far crescere il vostro denaro**. Consultate un professionista o seguite un corso sulla responsabilità fiscale. L'influenza di Saturno significa che vedrete i frutti dei vostri sforzi, quindi prendetelo sul serio e preparatevi al successo finanziario.

Giugno

I giorni migliori in assoluto: 2-6
Giorni più stressanti in generale: 17-23
Giorni migliori per l'amore: 4-8
Giorni migliori per il denaro: 25-28
Giorni migliori per la carriera: 7-11
Parola d'ordine: Culminazione

Giugno inizia con un bel cambiamento: il 6 Venere entra nel suo segno natale, il Toro. Questo transito è fantastico per migliorare le vostre capacità di comunicazione, aiutandovi ad allineare le parole con i vostri veri valori. Il 9 Giove, il vostro pianeta della carriera, entra in Cancro, dando un nuovo tono alla vostra vita professionale.

Questo transito di un anno enfatizza il **piacere e la creatività**. Si tratta di bilanciare lavoro e divertimento, quindi assicuratevi di programmare del tempo per entrambi.

La Luna Piena in Sagittario dell'11 porta alla luce i progressi che avete fatto nella vostra carriera negli ultimi sei mesi. È un momento di riflessione: siete in linea con i vostri obiettivi o la vostra visione deve essere modificata? Consideratelo *come un check-up di metà anno per la vostra carriera*.

Il 17 Marte entra in Vergine e rende più vivace il settore delle relazioni. Single? È il momento di uscire con qualcuno. In coppia? Aspettatevi un'ondata di energia nella vostra coppia. Ma ricordate che Marte può anche scatenare dei conflitti, quindi siate prudenti ed evitate discussioni inutili.

Con l'inizio della stagione del Cancro, il 20, il cosmo vi ricorderà di **darvi un ritmo**. Il 22 e il 23 il Sole è in quadratura con Saturno e Nettuno, il che può sembrare un tentativo di nuotare controcorrente. Non equiparate il vostro valore alla produttività. Se vi sentite sopraffatti, è giusto fare una pausa. La Luna Nuova in Cancro del 25 offre la possibilità di resettare e fare rifornimento.

Utilizzate questo periodo per ricaricarvi e riallinearvi con i vostri obiettivi.

Luglio

Giorni migliori in assoluto: 27-31
Giorni più stressanti in generale: 18-22
Giorni migliori per l'amore: 6-10
Giorni migliori per il denaro: 24-28
Giorni migliori per la carriera: 2-6
Parola d'ordine: Qualità

Il 4, Venere dà il cinque a Urano prima di entrare in Gemelli. Questo transito è all'insegna della **spontaneità e delle sorprese**. Aspettatevi l'inaspettato, soprattutto nella vostra vita sociale. Trascorrete del tempo di qualità con la famiglia e con le persone con cui vivete. Il cosmo vi incoraggia a creare momenti indimenticabili insieme.

Intorno al 10, la Luna Piena in Capricorno accende i riflettori sulle strutture delle vostre comunità. È il momento di valutare se questi gruppi vi sostengono tanto quanto voi sostenete loro. Il 18 Mercurio retrograda, causando potenziali problemi di comunicazione. Siate chiari nelle vostre interazioni per evitare malintesi. La stagione del Leone entra nel vivo il 22, con il Sole che compie aspetti significativi a cinque pianeti nei primi tre giorni. La Luna Nuova del 24 enfatizza l'**autenticità**. Vivere in modo fedele a se stessi è fondamentale per il vostro benessere fisico ed emotivo.

Agosto

Giorni migliori in generale: 11-15
Giorni più stressanti in generale: 5-9
Giorni migliori per l'amore: 29-31
Giorni migliori per il denaro: 16-20
Giorni migliori per la carriera: 1-4
Parola d'ordine: Abbracciare

Ciao, Pesci! Agosto è all'insegna della **salute mentale, della spiritualità e del benessere**. Il 1° Venere si trova in quadratura con Saturno e Nettuno, il che probabilmente renderà il vostro dialogo interiore più duro del solito. La chiave è combattere i discorsi negativi con una voce più forte di autocompassione. Non ignorate questi pensieri, ma affrontateli con gentilezza.

La Luna Piena in Acquario del 9 evidenzia il vostro rapporto con l'isolamento. Troppo tempo da soli può essere dannoso, ma è anche essenziale per ringiovanire. Trovate un equilibrio che vada bene per voi. Questa lunazione, combinata con un transito Marte-Saturno-Nettuno, potrebbe rendervi irrequieti. Abbracciate un ritmo più lento e concentratevi su ciò che è sotto il vostro controllo.

Mercurio termina la sua retrogradazione l'11 e Venere si armonizza con Giove il 12, portando il romanticismo e la creatività sotto i riflettori. Sia che vi dedichiate ad attività solitarie o che andiate a un appuntamento divertente, lasciate che questo transito vi risollevi lo spirito. La stagione della Vergine inizia il 22, con una Luna Nuova orientata alle relazioni il 23. Questo è il momento di analizzare la reciprocità. È il momento di analizzare la reciprocità nelle relazioni più strette. Accogliete questo nuovo inizio e cercate l'equità e l'equilibrio nelle vostre relazioni.

Settembre

Giorni migliori in generale: 16-20
Giorni più stressanti in generale: 7-11
Giorni migliori per l'amore: 19-23
Giorni migliori per il denaro: 1-5
Giorni migliori per la carriera: 27-30
Parola d'ordine: Radici

Ricordate quando abbiamo detto che quest'anno sarebbe stato trasformativo? Ebbene, settembre è il vostro gran finale! Saturno retrograda nel vostro segno il 1°, concludendo un viaggio di tre anni alla scoperta di sé e della propria crescita. Avete passato un periodo difficile e questo è il vostro esame finale. Saturno è stato il vostro severo insegnante, spingendovi a maturare e a perfezionare il vostro senso di sé. Quest'ultima fase serve a consolidare queste lezioni.

Ma aspettate, le cose stanno per diventare ancora più intense. È la stagione delle eclissi e la prima arriva il 7 proprio nel vostro segno. Questa eclissi è come un'esfoliazione cosmica, che elimina le parti obsolete della vostra identità. È impegnativa, certo, ma si tratta di liberarsi per diventare chi si è destinati a essere. Le **eclissi sono un'impresa ardua,** quindi tenetevi forte e praticate una maggiore autocompassione. Consideratela come l'occasione per abbandonare finalmente le cattive abitudini o le relazioni tossiche.

La seconda eclissi del 21 è un'eclissi solare di Luna nuova in Vergine, che riprende i temi della partnership del mese scorso. Questa eclissi è una cartina di tornasole per le relazioni. Se la vostra vita sentimentale è costruita sul sostegno reciproco, aspettatevi di approfondire queste radici. In caso contrario, le crepe si mostreranno e dovrete affrontarle di petto. Single? Questo potrebbe essere il momento in cui capirete perché vi siete trattenuti. È una spinta potente verso la disponibilità emotiva e i nuovi legami. Poi, con l'inizio della stagione della Bilancia il 22, i riflettori si spostano sulle finanze.

Il gioco di equilibri della Bilancia vi aiuterà a capire come condividere le vostre risorse con gli altri. Il Sole entra in contatto con tutti i principali pianeti, da Saturno a Plutone, e vi spinge a stabilire dei limiti e a gestire le vostre finanze con saggezza. Avete l'abitudine di **spendere come una celebrità**? Questo è il campanello d'allarme per trovare modi sostenibili di gestire il vostro denaro. Si tratta di rendere le vostre radici finanziarie forti e resistenti.

Ottobre

Giorni migliori in generale: 27-31
Giorni più stressanti in generale: 21-25
Giorni migliori per l'amore: 3-7
Giorni migliori per il denaro: 4-8
Giorni migliori per la carriera: 15-19
Parola d'ordine: Dinamico

Dopo l'intensità dell'eclissi del mese scorso, vi meritate una pausa. Il mese inizia con la Luna piena in Ariete il 6. Questo evento lunare è il vostro punto di controllo finanziario dopo il novilunio di marzo. Questo evento lunare è il vostro checkpoint finanziario dopo la Luna nuova in Ariete di marzo. Avete bilanciato spese e risparmi? È il momento di ritoccare il budget e di assicurarsi che il vostro gioco di soldi sia solido. È come un audit cosmico: non nascondete gli acquisti d'impulso!

Venere entra in scena nella seconda settimana, formando molteplici aspetti e spostandosi in Bilancia il 13. L'attenzione si sposta dalle finanze personali a come gli altri influenzano il vostro benessere finanziario. Aspettatevi cambiamenti nelle dinamiche con le persone dipendenti o i partner. La Luna nuova in Bilancia il 21 inaugura un nuovo ciclo, perfetto per elaborare nuove idee imprenditoriali o per fare passi coraggiosi verso l'indipendenza finanziaria.

Quando il 22 il Sole entra in Scorpione, l'atmosfera si sposta sulla spiritualità. La stagione dello Scorpione è un periodo profondo e introspettivo per voi. **Immergetevi in nuove filosofie,** connettetevi con guide spirituali e immergetevi in pratiche che si allineano con la vostra anima. Il mese si conclude con l'allineamento di Marte e Giove il 28, che vi darà una sferzata di energia per affrontare progetti e risolvere questioni in sospeso. È la fine produttiva e potente di un mese dinamico.

Novembre

Giorni migliori in generale: 14-18
Giorni più stressanti in generale: 8-12
Giorni migliori per l'amore: 21-25
Giorni migliori per il denaro: 17-21
Giorni migliori per la carriera: 3-7
Parola d'ordine: Apprendimento

Questo mese è tutto dedicato alla carriera e all'eredità: nessuna pressione, giusto? Marte dà il via alle danze entrando in Sagittario il 4. Questo transito rappresenta un'iniezione di energia per la vostra carriera.

Questo transito rappresenta un'iniezione di energia per la vostra carriera, dandovi la spinta per inseguire i vostri sogni e **consolidare la vostra eredità.** Marte porta energia e un po' di caos, quindi aspettatevi qualche scossa alla carriera che alla fine vi porterà sulla strada giusta.

La Luna piena in Toro del 5 mette in evidenza il vostro agio nel dire la vostra verità, soprattutto sul lavoro. È il momento di affermare se stessi e di essere chiari sulle proprie esigenze e obiettivi professionali.

Il 9 Mercurio retrograda per l'ultima volta quest'anno, spingendovi a riflettere sui risultati ottenuti nella vostra carriera e su ciò che deve ancora essere migliorato. Potrebbero verificarsi dei disguidi, soprattutto in ambito professionale, quindi ricontrollate tutto ed evitate le supposizioni.

Entro il 17, un armonioso grande trono d'acqua tra Sole, Giove e Saturno favorisce il miglioramento personale. Sfruttate questa energia per **individuare le azioni chiave** che faranno progredire la vostra carriera.

La stagione dello Scorpione si conclude con la Luna nuova del 20, perfetta per stabilire intenzioni di formazione e di viaggio.

Che si tratti di tornare a scuola, ottenere una certificazione o pianificare un viaggio di riflessione, questa lunazione favorisce l'espansione dei vostri orizzonti. Il 21 inizia la stagione del Sagittario, che mette ancora più a fuoco la vostra carriera. Iniziate a fare vision boarding per il 2026, perché si prospettano grandi cose!

Dicembre

I giorni migliori in assoluto: 1-5
Giorni più stressanti in generale: 10-14
Giorni migliori per l'amore: 24-28
Giorni migliori per il denaro: 16-20
Giorni migliori per la carriera: 19-23
Parola d'ordine: Inizio

Avete attraversato un anno cruciale e ora è arrivato il momento di chiuderlo con il botto. La Luna piena in Gemelli del 4 illumina le dinamiche domestiche e familiari. La dualità dei Gemelli evidenzia l'equilibrio tra la vita pubblica e quella privata. Vi sentite molto emotivi? **Parlatene.** Imbottigliare i sentimenti non farà altro che creare maggiore pressione.

Marte e Saturno si scontrano a metà mese, creando un senso di blocco. Questa frustrazione è probabilmente legata agli obiettivi di carriera. Accettate ciò che è sotto il vostro controllo e lasciate andare il resto. Marte entra in Capricorno il 15, dando energia alla vostra vita sociale e incoraggiandovi a **fare strategie per il 2026.** È il momento di consolidare i vostri obiettivi e di fare piani pratici.

La Luna nuova in Sagittario del 19 porta nuovi inizi nella vostra carriera. Il mese scorso Mercurio retrogrado vi ha fatto riflettere sulla vostra eredità; ora è il momento di agire. Questa lunazione favorisce passi coraggiosi verso i vostri sogni professionali. La stagione del Capricorno inizia il 21 e Venere entra nel segno il 24, enfatizzando la comunità e i sistemi di supporto. Ricordate, Pesci, che ci vuole un villaggio per realizzare i vostri sogni. Circondatevi di persone che vi sostengono e preparatevi a inseguire i vostri grandi obiettivi nel 2026!

ASTRO APPROFONDIMENTI E DOMANDE FREQUENTI

Qual è esattamente il mio segno solare?
Il vostro segno solare è il segno zodiacale in cui si trovava il sole al momento della vostra nascita. È il nucleo della vostra personalità, la vostra essenza. *Consideratelo come la vostra carta d'identità cosmica.*

Perché tutti si spaventano per Mercurio retrogrado?
Mercurio retrogrado è famoso per causare disguidi nelle comunicazioni, ritardi nei viaggi e guasti tecnologici. È come se l'universo premesse il tasto "caos" per qualche settimana. *Ricontrollate tutto e non firmate contratti se potete evitarlo.*

Qual è il mio segno ascendente e perché dovrebbe interessarmi?
Il segno ascendente è il segno che sorgeva all'orizzonte orientale quando siete nati. Influisce sul modo in cui gli altri vi vedono e sulle vostre prime impressioni. *È la vostra lettera di presentazione cosmica: fatela valere!*

In che modo le fasi lunari influenzano il mio umore?
Le fasi lunari influenzano le emozioni e i livelli di energia. La luna piena può intensificare le emozioni e portare a termine le cose, mentre la luna nuova è ideale per iniziare nuovi progetti.

Pianificate di conseguenza: non organizzereste mai una festa durante un temporale, giusto?

Gli oroscopi sono accurati?
Gli oroscopi generali offrono indicazioni di massima basate sui segni solari. Per una previsione precisa, è necessario un tema natale personalizzato che tenga conto dell'ora, della data e del luogo di nascita esatti. *È come paragonare le previsioni del tempo di una città con quelle della vostra strada.*

Qual è il problema delle case in astrologia?
Le case nel vostro tema natale rappresentano diverse aree della vostra vita, come la carriera, l'amore e la salute. I pianeti che si muovono in queste case influenzano queste aree. *Consideratela come una proprietà immobiliare cosmica: ogni casa ha una sua vibrazione unica.*

Come mi influenzano i transiti planetari?
I transiti sono le posizioni attuali dei pianeti e il modo in cui interagiscono con il vostro tema natale. Un transito armonioso può portare opportunità, mentre uno impegnativo può presentare ostacoli. *È come il tempo: le giornate di sole sono bellissime, ma le tempeste possono essere impegnative.*

Che cos'è il tema natale?
Il tema natale è un'istantanea del cielo nel momento esatto in cui siete nati. Mostra le posizioni del sole, della luna e dei pianeti, fornendo una mappa dettagliata della vostra personalità e del vostro potenziale. *È il vostro progetto cosmico personale.*

L'astrologia può prevedere il mio futuro?
L'astrologia può offrire spunti su potenziali opportunità e sfide, ma non è una sfera di cristallo. Il libero arbitrio gioca un ruolo enorme nel modo in cui si naviga tra le influenze. *Consideratela come una tabella di marcia: sarete voi a decidere il percorso.*

Perché mi sento diverso dalle altre persone con il mio segno solare?

Il segno solare è solo un pezzo del puzzle. Il vostro segno lunare, il vostro segno ascendente e il resto del vostro tema natale creano una miscela unica di influenze. *Siete un cocktail cosmico, non un singolo ingrediente.*

Qual è il significato delle eclissi in astrologia?

Le eclissi sono momenti potenti di cambiamento e trasformazione. Spesso portano cambiamenti e rivelazioni improvvise, spingendovi fuori dalla vostra zona di comfort. *È come un colpo di scena nel vostro dramma preferito: inaspettato ma necessario per crescere.*

Come posso usare l'astrologia per migliorare la mia vita?

La comprensione del proprio tema astrologico può aiutare a riconoscere i punti di forza, a lavorare sui punti deboli e a prendere decisioni migliori. *È come avere un foglio di calcolo per la vita: usatelo con saggezza.*

Che cos'è il segno lunare e perché è importante?

Il vostro segno lunare rappresenta la posizione della luna al momento della vostra nascita. Esso governa le emozioni, l'interiorità e il subconscio. Mentre il vostro segno solare rappresenta la vostra personalità esteriore, il vostro segno lunare è la parte nascosta di voi che influenza il vostro modo di sentire e reagire. *Consideratelo come il regista dietro le quinte del vostro mondo emotivo.*

Cosa significa quando un pianeta si trova in una casa?

Nel vostro tema natale, le case rappresentano diverse aree della vita, come l'amore, la carriera e la salute. Quando un pianeta si trova in una casa, influenza quella specifica area. Per esempio, Venere nella vostra 7a casa può portare armonia nelle relazioni. *È come avere un ospite speciale che arricchisce una stanza della vostra dimora cosmica.*

Ogni quanto tempo cambiano gli oroscopi?
Gli oroscopi giornalieri vengono aggiornati ogni giorno in base alle posizioni attuali dei pianeti. Gli oroscopi mensili e annuali offrono una visione più ampia, concentrandosi sulle tendenze a lungo termine. *Considerate gli oroscopi giornalieri come previsioni del tempo e quelli annuali come rapporti sul clima.*

Qual è il significato di un ritorno di Saturno?
Il ritorno di Saturno si verifica all'incirca ogni 29,5 anni, quando Saturno completa la sua orbita intorno al Sole e torna nella stessa posizione in cui si trovava alla vostra nascita. È un momento di grande valutazione e cambiamento della vita, che spesso porta maturità e insegnamenti. *È un rito cosmico di passaggio verso l'età adulta e oltre.*

Perché alcune persone si sentono più colpite da certi transiti rispetto ad altre?
L'impatto dei transiti planetari varia in base al vostro tema natale. I punti sensibili del vostro tema, come i pianeti personali o gli angoli, possono rendervi più sensibili a certi transiti. *È come avere un'antenna cosmica incorporata che capta frequenze specifiche.*

Che cos'è la sinastria in astrologia?
La sinastria è lo studio dell'interazione tra i temi natali di due persone. Viene spesso utilizzata nell'astrologia delle relazioni per capire la compatibilità, i punti di forza e le sfide. *Consideratela come la chimica cosmica: alcuni elementi si mescolano bene, mentre altri fanno scintille.*

L'astrologia può prevedere eventi specifici?
Sebbene l'astrologia possa indicare tendenze ed energie potenziali, non è in grado di predire con precisione eventi specifici. Il libero arbitrio e le scelte personali giocano un ruolo importante. *Si tratta più di guidare la nave che di descrivere ogni onda.*

In che modo le retrogradazioni influenzano le relazioni?
Le retrogradazioni, in particolare Venere retrograda, possono riportare nella vostra vita questioni o persone del passato da risolvere. Sono momenti di rivalutazione e riflessione piuttosto che di avvio di nuove relazioni. *È come un pulsante di pausa cosmico per ripensare e rivalutare la vostra vita sentimentale.*

Cosa sono gli aspetti in astrologia?
Gli aspetti sono gli angoli tra i pianeti del tema natale e indicano la loro interazione. Gli aspetti positivi (trini, sestili) suggeriscono armonia, mentre gli aspetti difficili (quadrati, opposizioni) indicano tensione. *Considerate gli aspetti come conversazioni tra pianeti: alcuni sono amichevoli, altri sono dibattuti.*

Perché alcuni giorni sono migliori di altri per prendere decisioni? I transiti planetari creano energie diverse che possono influenzare il processo decisionale. I giorni propizi sono spesso caratterizzati da aspetti armoniosi, mentre i giorni impegnativi possono avere transiti difficili. *È come scegliere una giornata di sole per un picnic piuttosto che una di pioggia.*

Cosa significa che un pianeta è esaltato?
Un pianeta è esaltato in un segno in cui la sua energia è più potente e positiva. Per esempio, Venere è esaltata in Pesci, il che significa che esprime le sue qualità di amore e bellezza in modo eccezionale in questo segno. *È come se il pianeta si comportasse al meglio, mostrando le sue caratteristiche migliori.*

L'astrologia può aiutare a scegliere la carriera?
Assolutamente sì! Il tema natale può evidenziare i punti di forza, i talenti e le inclinazioni alla carriera in base alle posizioni e agli aspetti planetari. La 10a casa, in particolare, è fondamentale per le intuizioni sulla carriera. *Consideratela come il vostro consulente personale per la carriera, che vi indirizza verso la vostra vera vocazione.*

LA FINE È SOLO L'INIZIO

il 2025 è l'anno in cui prenderete le redini del vostro destino e cavalcherete a tutto gas verso i vostri sogni! Quest'anno le stelle hanno preparato il terreno per la **trasformazione**, la **crescita** e il **potenziamento finale**. Dalle stagioni delle eclissi alle lune piene, l'universo sta distribuendo opportunità cosmiche per **perfezionarsi**, **espandersi** e **brillare**, ma non credetemi sulla parola. Ecco cosa hanno da dire alcune delle nostre sorelle Ariete potenziate:

"Prima di abbracciare il mio oroscopo 2025, mi sentivo come se fossi sulla ruota del criceto. Ora, sono il capo del mio universo!". - Jessica M.

"Le intuizioni e le indicazioni che ho ricevuto dal mio oroscopo hanno trasformato il mio anno. Ho affrontato i miei obiettivi, migliorato le mie relazioni e finalmente equilibrato la mia vita!". - Amanda R.

Siete pronti a potenziare la vostra vita nel 2025? Unitevi a noi al Templum Dianae, dove potrete immergervi in profondità nella saggezza delle stelle. **Prenotate una lettura esclusiva**, esplorate la nostra **biblioteca di tesori mistici** e connettetevi con una comunità di donne che sono fiere e favolose come voi.

*Immaginate di avere una tabella di marcia personalizzata per orientarvi in tutte le svolte che il cosmo vi propone. Il Templum Dianae non è solo un santuario: è il vostro **centro di potere** per dominare le avventure della vita.*

Quindi, se volete **prendere il controllo** della vostra vita sentimentale, della vostra carriera e di tutto ciò che sta in mezzo, il Templum Dianae è la vostra prossima tappa. Abbracciate le stelle, cogliete l'attimo e fate del 2025 il vostro anno più potente.

Brillare!

GLOSSARIO TERMINI ASTROLOGICI

Ascendente (segno ascendente): Il segno zodiacale che sorge sull'orizzonte orientale al momento della nascita; influenza il comportamento esteriore e le prime impressioni.

Aspetto: L'angolo formato tra due pianeti in un tema natale, che indica come interagiscono tra loro.

Astrologia: Lo studio dei movimenti e delle posizioni relative dei corpi celesti e la loro influenza sulle vicende umane.

Grafico di nascita (Natal Chart): Una mappa del cielo al momento esatto della nascita, che mostra le posizioni del sole, della luna e dei pianeti nello zodiaco.

Segni cardinali: Ariete, Cancro, Bilancia e Capricorno; associati all'iniziazione e alla leadership.

Chirone: Asteroide noto come "guaritore ferito", rappresenta le ferite profonde e la guarigione nel tema natale.

Congiunzione: Un aspetto in cui due pianeti sono molto vicini, mescolando le loro energie.

Cuspide: la linea di demarcazione tra due segni zodiacali o case.

Decano: Una suddivisione di un segno zodiacale, ognuno dei quali si estende per 10 gradi e aggiunge sfumature all'interpretazione del segno.

Discendente: Il punto direttamente opposto all'Ascendente; rappresenta le collaborazioni e le relazioni.

Segni di Terra: Toro, Vergine e Capricorno; associati a praticità, stabilità e materialismo.

Eclissi: Evento astronomico in cui il sole o la luna vengono oscurati, che segnala cambiamenti significativi e punti di svolta in astrologia.
Elementi: Le quattro categorie (Fuoco, Terra, Aria, Acqua) in cui sono divisi i segni zodiacali, che rappresentano i diversi temperamenti.

Effemeride: tabella o libro che elenca le posizioni dei corpi celesti a intervalli regolari, utilizzato in astrologia per il calcolo delle carte.

Equinozio: I due momenti dell'anno in cui il giorno e la notte hanno la stessa durata, che segnano l'inizio delle stagioni dell'Ariete (primavera) e della Bilancia (autunno).

Esaltazione: Posizione di un pianeta in un segno in cui opera con grande forza e armonia.

Caduta: Posizione di un pianeta in un segno in cui opera con minore forza e difficoltà.

Segni di fuoco: Ariete, Leone e Sagittario; associati a passione, energia ed entusiasmo.

Segni fissi: Toro, Leone, Scorpione e Acquario; associati a stabilità, determinazione e persistenza.

Luna piena: La fase in cui la luna è completamente illuminata, che simboleggia il completamento, l'illuminazione e l'aumento delle emozioni.

Grande Trino: Un aspetto in cui tre pianeti formano un triangolo, che indica armonia e facilità.

Case: Le dodici divisioni del tema natale, ognuna delle quali rappresenta diverse aree della vita, come la carriera, le relazioni e la casa.

Imum Coeli (IC): Il punto più basso del tema natale, che rappresenta la casa, la famiglia e le radici.

Ingresso: L'ingresso di un pianeta in un nuovo segno o in una nuova casa.

Ritorno di Giove: L'evento in cui Giove torna nella stessa posizione in cui si trovava alla vostra nascita, si verifica ogni 12 anni circa e segnala crescita ed espansione.

Astrologia karmica: Un ramo dell'astrologia che si concentra sulle vite passate e sulle lezioni karmiche.

Aquilone: Uno schema di aspetti che include un Grande Trino con un'opposizione, che suggerisce potenzialità e facilità con qualche tensione.

Nodi lunari (Nodo Nord e Sud): Punti in cui l'orbita lunare interseca l'eclittica, che rappresentano le lezioni di vita e il karma passato.

Ritorno lunare: L'evento in cui la luna torna nella stessa posizione in cui si trovava alla nascita, che si verifica all'incirca ogni mese.

Medio cielo (MC): Il punto più alto del tema natale, che rappresenta la carriera, la vita pubblica e la reputazione.

Segni mutevoli: Gemelli, Vergine, Sagittario e Pesci; associati all'adattabilità, al cambiamento e alla flessibilità.

Pianeta natale: Posizione di un pianeta nel tema natale.

Opposizione: Un aspetto in cui due pianeti si trovano a 180 gradi di distanza, che indica tensione ed equilibrio.

Orb: L'intervallo di gradi consentito entro il quale un aspetto è considerato efficace.

Glossario termini astrologici

Pianeti esterni: Urano, Nettuno e Plutone; associati a influenze generazionali e cambiamenti a lungo termine.

Parte della fortuna: Punto calcolato nel tema natale che rappresenta fortuna e benessere.

Pianeti personali: Sole, Luna, Mercurio, Venere e Marte; influenzano la personalità individuale e la vita quotidiana.

Precessione degli equinozi: Lo spostamento graduale dell'asse terrestre che influenza i segni zodiacali nel tempo.

Progressioni: Un metodo per far avanzare il tema natale in modo da riflettere la crescita e i cambiamenti nel tempo.
Quadrante: Una delle quattro sezioni del tema natale, ciascuna contenente tre case.

Retrograda: quando un pianeta sembra retrocedere nel cielo, segnalando un momento di riflessione e revisione.

Governatore: Il pianeta che governa un particolare segno o casa, influenzandone le caratteristiche.

Sestile: aspetto in cui due pianeti si trovano a 60 gradi di distanza, che indica armonia e opportunità.

Ritorno solare: L'evento in cui il sole torna nella stessa posizione in cui si trovava alla nascita; si verifica ogni anno e simboleggia un nuovo anno personale.

Stellium: Un gruppo di tre o più pianeti in un segno o in una casa, che ne intensifica l'influenza.

Quadrato: Un aspetto in cui due pianeti si trovano a 90 gradi di distanza, che indica tensione e sfide.

Sinastria: Il confronto di due temi natali per determinare la compatibilità di una relazione.

Quadratura a T: Un aspetto che coinvolge due pianeti in opposizione ed entrambi in quadratura a un terzo pianeta, creando tensione e necessità di risoluzione.

Transiti: I movimenti attuali dei pianeti e il loro impatto sul tema natale.

Trino: Un aspetto in cui due pianeti si trovano a 120 gradi di distanza, che indica armonia e facilità.

Ritorno di Urano: L'evento in cui Urano torna nella stessa posizione in cui si trovava alla nascita, che si verifica intorno agli 84 anni, simboleggia cambiamenti improvvisi e nuove prospettive.
Ritorno di Venere: L'evento in cui Venere torna nella stessa posizione in cui si trovava alla nascita, si verifica circa ogni anno e influenza l'amore e la bellezza.

Vertice: Punto del tema natale associato al destino e agli incontri significativi.

Segni d'acqua: Cancro, Scorpione e Pesci; associati alle emozioni, all'intuizione e alla sensibilità.

Yod: Un aspetto che coinvolge due pianeti in sestile ed entrambi in quinconce con un terzo pianeta, che indica un destino o una sfida speciale.

Zodiaco: La fascia del cielo divisa in dodici parti uguali, ognuna delle quali prende il nome da una costellazione.

Decanati: Ogni segno zodiacale è diviso in tre sezioni di dieci gradi, che aggiungono profondità alla sua interpretazione.

Grafico diurno: Una carta in cui il sole si trova sopra l'orizzonte, influenzando l'interpretazione.

Carta notturna: Una carta in cui il sole si trova sotto l'orizzonte, influenzando l'interpretazione.

Quadruplicità mutevole: Si riferisce ai segni mutevoli Gemelli, Vergine, Sagittario e Pesci, noti per la loro adattabilità.

Quadruplicità fissa: Si riferisce ai segni fissi Toro, Leone, Scorpione e Acquario, noti per la loro stabilità.

Quadruplicità cardinale: Si riferisce ai segni cardinali Ariete, Cancro, Bilancia e Capricorno, noti per l'avvio del cambiamento.

Direzioni dell'arco solare: Un metodo per prevedere gli eventi spostando l'intero grafico in avanti di un grado per ogni anno di vita.

Nodi planetari: Punti in cui l'orbita di un pianeta incrocia l'eclittica, indicando un significato karmico.

Grande Croce: Uno schema di aspetti che coinvolge quattro pianeti in quadratura e opposizione, creando tensioni e sfide significative.

Grande Congiunzione: L'incontro tra Giove e Saturno, che si verifica ogni 20 anni circa, segna cambiamenti significativi nella società.

Incongiunzione (Quinconce): Un aspetto in cui due pianeti si trovano a 150 gradi di distanza l'uno dall'altro, che indica aggiustamento e integrazione.

Armoniche: Un metodo di suddivisione dello zodiaco per trovare significati e connessioni più profonde.

Asteroidi: Piccoli corpi celesti come Chirone, Cerere, Giunone, Vesta e Pallade Atena, che aggiungono influenze specifiche al tema natale.

Fuoco solare: Un popolare software astrologico per la creazione e l'interpretazione dei grafici.

Ritorno planetario: Quando un pianeta torna nella stessa posizione in cui si trovava alla nascita, segnando cicli significativi nella vita.

Ciclo sinodico: Il periodo che intercorre tra le

successive congiunzioni di un pianeta con il Sole.

Cazimi: quando un pianeta si trova nel cuore del sole, entro 17 minuti d'arco, considerato una posizione di grande forza.

Sotto i raggi del Sole: Quando un pianeta si trova a meno di 17 gradi dal Sole, è considerato indebolito.

Combustione: Quando un pianeta si trova a meno di 8 gradi dal Sole, è considerato molto indebolito.

Ritorno della fase lunare: Il ritorno della luna alla stessa fase in cui si trovava alla nascita, che avviene mensilmente.

Luna nuova: La fase in cui la luna si trova tra la terra e il sole, che simboleggia un nuovo inizio.

Luna calante: La fase in cui la luna diminuisce la sua luce, che simboleggia la liberazione e la riflessione.

Luna crescente: La fase in cui la luna aumenta la sua luce, simboleggiando la crescita e lo sviluppo.

Luna progredita: Il movimento della Luna nei grafici progrediti, che riflette la crescita emotiva.

Astrologia oraria: Branca dell'astrologia che si occupa di rispondere a domande specifiche creando un grafico per il periodo in cui viene posta la domanda.

Astrologia elettiva: Scegliere il momento migliore per iniziare un'attività o un progetto in base ai principi astrologici.

Astrologia mondana: Lo studio degli eventi e dei paesi del mondo attraverso le tecniche astrologiche.

Astrologia professionale: L'uso dell'astrologia per determinare i percorsi di carriera e il successo professionale.

Astrologia medica: Analisi della salute e delle potenziali malattie in base al tema natale.

Rettifica: Determinare l'ora di nascita esatta quando non è nota, utilizzando gli eventi della vita e i metodi astrologici.

Direzioni primarie: Una tecnica di previsione basata sulla rotazione della terra.

Astrocartografia: Tecnica che consente di individuare i luoghi migliori del mondo per un individuo in base al suo tema natale.

Rilascio zodiacale: Un'antica tecnica di cronometraggio che indica i periodi di picco della vita in vari settori.

Lotto della fortuna: Punto sensibile del grafico legato alla fortuna e alla prosperità.

Astrologia eliocentrica: Astrologia basata sul fatto che il sole è al centro del sistema solare, anziché la terra.

Astrologia geocentrica: Astrologia tradizionale basata sul fatto che la Terra è al centro del sistema solare.

Zodiaco siderale: Sistema zodiacale che si allinea alle stelle fisse, utilizzato nell'astrologia vedica.

Zodiaco tropicale: Il sistema zodiacale più usato nell'astrologia occidentale, basato sulle stagioni.

Disponente: Il pianeta che governa il segno in cui si trova un pianeta, influenzandone l'espressione.

Via Combusta: Sezione dello zodiaco da 15 gradi della Bilancia a 15 gradi dello Scorpione, tradizionalmente considerata malefica.

Partile: aspetto esatto, senza differenze di grado.

Profezioni annuali: Tecnica predittiva che assegna una casa diversa a ogni anno di vita.

Eclissi prenatale: L'ultima eclissi solare o lunare prima della nascita di una persona, considerata significativa per il suo percorso di vita.

Un altro libro di Templum Dianae per te

https://www.amazon.it/Calendario-lunare-2025-Astrologico-zodiacali/dp/B0DFGDQL3W

il libro delle testimonianze

cosa dicono le lettrici dei Libri di Templum Dianae.
(in tutte le lingue)

Marruskaa

⭐⭐⭐⭐⭐ **Bella scoperta**
Recensito in Italia il 12 agosto 2024

Il testo è scritto in modo chiaro e scorrevole, perfetto per principianti! Quando mi sono avvicinata a questo tipo di mondo all'inizio non avevo ben capito cosa fossero e a cosa servissero. Tuttavia, il loro fascino mi ha spinto a continuare cercare di capire, finché non ho trovato questo libro. Ora tengo questo tomo sempre sul mio comodino e non posso più farne a meno! Davvero consigliato!

Jamie L.

⭐⭐⭐⭐⭐ **Learn about powerful archetypes and how to use them for yourself!**
Reviewed in the United States on October 12, 2024
Verified Purchase

This book gives a comprehensive overview of dark goddesses from different times and regions-- Egyptian, Slavic, Roman, Greek, etc.

It gives enough information about each that you can feel into which one speaks to you at different times in your life.

I've often heard people talk about "working with" goddesses or goddess energies and I had no idea what that meant or how to do it! This book provides different ways to do this--like specific rituals or practices (and there's even a guided meditation with a link to an MP3 file included!) so you can not only learn about the goddesses but also start to incorporate different practices to begin working with them for your own personal transformation.

Rose Anderson

⭐⭐⭐⭐⭐ **Beautifully written and immensely powerful**
Reviewed in the United States on October 8, 2024
Verified Purchase

What a wonderful gift for any modern-day witch or pagan—and everyone else, too.

The first part of "Wicca Lunar Calendar—2025" offers insight for living in these times, self-care, and even wisdom of the cosmos—for a start. It then goes through every month of 2025 in almanac style, with the cycles of the moon, the holidays, and more. There's also a glossary at the end.

It's beautifully written and immensely powerful.

dorawatson96

⭐⭐⭐⭐⭐ **nützlich für diejenigen, die sich Wicca nähern**
Bewertet in Deutschland am 1. Oktober 2024

Ich habe mich dieser Welt im letzten Jahr genähert und habe diesen Kalender in meiner Bibliothek. Ich finde ihn sehr nützlich als Unterstützung auf diesem Weg, den ich eingeschlagen habe

Narnya

⭐⭐⭐⭐⭐ **Sehr interessant**
Bewertet in Deutschland am 12. Oktober 2024
Verifizierter Kauf

Endlich eine gute Beschreibung über Samhain. Zur Erinnerung.
Ich werde das Buch weiter meinen Kindern auch empfehlen.
Vielle Dank ☆

Geneviève

⭐⭐⭐⭐⭐ **Très intéressant**
Avis laissé au Canada le 1 mars 2024
Achat vérifié

Grand calendrier lunaire, très complet et beaucoup d'explications intéressantes. Parfait pour associer au livre de wicca magie blanche.

Steven H.

⭐⭐⭐⭐⭐ **Una Guía Completa de la Numerología Antigua y los Números Angelicales**
Reviewed in the United States on August 1, 2024

"La Numerologia degli Antichi - Numerologia Caldea e Numeri Angelici" es una compilación excepcional para cualquiera fascinado por el mundo místico de los números. Este paquete 3 en 1 cubre los detalles intrincados de la numerología, el significado de los números angelicales y los sistemas de numerología antigua, ofreciendo una exploración completa y atractiva de estos temas.

El autor proporciona tablas, cálculos y explicaciones claras y detalladas, haciendo que los conceptos complejos sean accesibles tanto para principiantes como para entusiastas experimentados de la numerología. Cada sección está bien estructurada, permitiendo a los lectores seguir fácilmente y aplicar el conocimiento a sus propias vidas.

Ana J

⭐⭐⭐⭐⭐ **La Influencia de la Luna**
Reseñado en Estados Unidos el 8 de septiembre de 2024
Compra verificada

Este libro trata de las fases de la luna a la vida moderna, cubriendo todo, desde las rutinas de belleza hasta la jardinería. Al crecer, a menudo escuchaba a los mayores hablar sobre cómo la luna influía en la agricultura y los animales, y este libro refleja esas tradiciones. Las secciones de las fases lunares ofrecen informacion sobre cómo aprovechar la energía lunar para tener resultados óptimos en la jardinería y de belleza. Es una guia interesante para quienes buscan alinear muchas de sus rutinas con la naturaleza.

Glossario termini astrologici

Sarah Barry

★★★★☆ **Practical exercises**
Reviewed in the United States on September 30, 2024
Verified Purchase

"Twin Flames: Love Yourself and Manifest Ultimate Love" provides practical exercises for healing emotional blocks and attracting love through the Law of Attraction. Worth reading for those seeking self-love and deeper connections.

Daphne H

★★★★☆ **Muy bueno!**
Reseñado en Australia el 15 de septiembre de 2024
Compra verificada

Cuidar el jardín a través de los movimientos de la luna es una idea genial, ya que en la naturaleza todo está conectado y sin duda los ciclos lunares pueden influir tanto positiva como negativamente. El libro incluye un montón de tips de los cuáles tomé nota.

Regina Stone

★★★★☆ **Always been curious...**
Recensito negli Stati Uniti il 28 settembre 2024
Acquisto verificato

I'll be honest: I'm not sure I am the intended audience for this book.

I've never been a firm believer in astrology, but my lifelong curiosity drew me to "Moon Calendar 2025."
It was a fascinating read overall, very interesting even if not 100% convincing to my cynical nature.

I would have given it 5 stars but I did find the book a little too sophisticated a launching point for readers new to astrology. However, if this is not an introduction for you - and you are a believer - then I think you will find value in these pages.

contenuti inclusi

Congratulazioni per aver ricevuto questo libro!
Se vuoi attrarre e manifestare più Amore e Abbondanza e scoprire argomenti e spiritualità, unisciti alla comunità di Templum Dianae e ricevi gli MP3 di meditazione guidata per risvegliare il tuo sé interiore.

Questa meditazione guidata è pensata per manifestare il vostro sogno interiore nella vita quotidiana.

Seguire questo link
templumdianae.com/bookmp3/

Riferimenti bibliografici
e letture consigliate

- **Numerologia caldea** - Templum Dianae Media - 2024
- **I numeri degli angeli** - Templum Dianae Media - 2023
- **Astrologia** - Templum Dianae Media 2024

Tutti i diritti riservati. Nessuna parte di questo libro può essere riprodotta in qualsiasi forma senza l'autorizzazione scritta dei proprietari del copyright. Tutte le immagini contenute in questo libro sono state riprodotte con la conoscenza e il previo consenso degli artisti interessati, e il produttore, l'editore o lo stampatore non si assumono alcuna responsabilità per eventuali violazioni del diritto d'autore o altro, derivanti dal contenuto di questa pubblicazione. È stato fatto ogni sforzo per assicurare che i crediti siano accuratamente conformi alle informazioni fornite. Ci scusiamo per eventuali imprecisioni e correggeremo le informazioni inesatte o mancanti in una successiva ristampa del libro.

Testo © 2024 Templum Dianae Media